French

A Guide
for the
Language Course

Richard Ladd
Ipswich High School, MA

D1608842

Colette Girard
Bellport High School, NY

Longman
New York & London

Longman, 95 Church Street, White Plains, N.Y. 10601

Associated companies:
Longman Group Ltd., London
Longman Cheshire Pty., Melbourne
Longman Paul Pty., Auckland
Copp Clark Pitman, Toronto

Ce livre est dédié à nos parents.

Executive editor: Lyn McLean
Production editor: Janice L. Baillie
Text design: Lyn Luchetti
Cover design: Tony Alberts
Text art: Jill Francis Wood
Production supervisor: Anne Armeny

ISBN: 0-8013-0640-X

1 2 3 4 5 6 7 8 9 10-AL-9594939291

ACKNOWLEDGMENTS

The reading passages that appear in Unit 6 have been reproduced from the following sources.

Lecture no. 1 Honoré de Balzac: *Eugénie Grandet*

Lecture no. 2 Simone de Beauvoir: *Une mort très douce*
© 1964 Gallimard
Folio, pp. 45–46

Lecture no. 3 Georges Duhamel: *Le notaire du Havre*
© 1933 Mercure de France
Poche, pp. 68–69

Lecture no. 4 Anatole France: «Riquet» dans *Crainquebille*
Poche, pp. 65–66

Lecture no. 5 Christiane Rochefort: *Les petits enfants du siècle*
© 1961 Bernard Grasset
Poche, pp. 52–53

Lecture no. 6 Georges Simenon: *Maigret à l'école*
© 1954 Georges Simenon
Presses de la Cité, pp. 7–8

Lecture no. 7 Nathalie Sarraute: *Enfance*
© 1983 Gallimard
Folio, pp. 120–121

Lecture no. 8 Dominique Lapierre et Larry Collins: *Paris brûle-t-il?*
© 1964 Robert Laffont
Livre de Poche, pp. 290–291

Lecture no. 9 Monique Gilbert: «Courchevel, le Top 92»
Le Nouvel Economiste
No. 724, 15 décembre 1989, p. 51

Lecture no. 10 «Quand Cantona cartonne. . .»
Le Journal des Enfants
No. 253/89, 3 novembre 1989, p. 1
(*Le Journal des Enfants* est un hebdomadaire d'information traitant de l'actualité internationale, nationale et régionale s'adressant aux enfants de 8 à 14 ans.)

Lecture no. 11 Emile Zola: *Thérèse Raquin*

Lecture no. 12 Sylvie H. Brunet: «Le droit à la virgule»
Le Point
No. 898, 10 décembre 1989, p. 130

Lecture no. 13 La Fontaine: «La Cigale et la fourmi»

Lecture no. 14 «Le Retour de la Rage en France»
Sélection de Reader's Digest
No. 517, mars 1990, p. 42

Lecture no. 15 Camara Laye: *L'Enfant noir*
© 1953 Librairie Plon
Presses Pocket, pp. 12–14

Lecture no. 16 «Avec Hugo prenez-vous pour Victor»
Le Point
No. 927, 25 juin 1990, p. 75

Lecture no. 17 «L'Amnestie pour les éléphants»
Sélection de Reader's Digest
No. 499, septembre 1988,
pp. 28–29

(continued on p. 154)

CONTENTS

INTRODUCTION

Advanced Placement French: A Guide for the Language Course is intended to meet the need for a text to accompany an Advanced Placement French Language course, to supplement courses on similar levels, and to serve as independent preparation for the Advanced Placement Examination in French Language.

The overall goal of the course, as set forth by the College Board, is to prepare students to perform at a high level of proficiency in the four basic language skills: listening, speaking, reading, and writing. The guidelines meet and extend beyond the ACTFL proficiency standards for advanced students. Upon completing the course, students are expected to be able to comprehend formal and informal French, to speak, read, and write with a high level of proficiency similar to that of third-year college French.

Drawing upon many years' experience in foreign language teaching at both the secondary and university levels, we offer here a series of exercises designed to respond to the general objectives of such a course and to prepare students for the AP French Language Examination.

In order to familiarize students with the format of the actual examination, the exercises have been closely patterned upon those of the actual examination in its recent and current formats. We have used the exact wording of the directions as they appear on the actual examination. The text is divided into eight parts, each of which reflects a section of the examination. To strengthen students' preparation, we have included two additional sections: one on verbs and one on vocabulary.

Cassette tapes containing the logical response statements, the listening comprehension exercises, and the directed response questions supplement the text. The tapescript is printed in the *Teacher's Manual*, which also includes answer keys to all exercises.

In the actual examination, the fill-in items usually permit only one possible answer. In this text, we have included some exercises that will allow for other possibilities of limited scope. We believe that this will help to serve the needs of a wider range of learners.

Our sincere appreciation is extended to Dr. Isabelle Carduner and Dr. Elie de Comminges for their suggestions, encouragement, and painstaking review of all the materials. We are also grateful to several colleagues for their suggestions and assistance: Eugene Westhoff and Consuelo Ludlam, Debra Faust and Shirley Brophy; to M. et Mme Jo Botté for their review of the dialogue scripts; and to Aerin Csigay of Longman who handled many meticulous details in the preparation of the final manuscript.

Our special thanks extend to the many students of our advanced French classes who participated in field testing of materials; to Arwen, Susan, Maisie, Katherine, Kristin, David, Marc, and Samantha and to Kathy, Michele, and Elizabeth, all of whom provided ideas and inspiration; and to Adam, who tediously prepared the draft listings of the thematic vocabulary. Finally, we thank Lyn McLean, editor at Longman, for her faith and guidance.

Note: The College Board publishes a range of material to assist teachers in developing and implementing the Advanced Placement Program. Additional information can be obtained by writing to:

The Advanced Placement Program
P. O. Box 6670
Princeton, NJ 08541-6670

The following material has been extracted from the *Teacher's Guide to Advanced Placement Courses in French Language.*

There has been an increasing emphasis on excellence in education and realization of the importance of foreign language learning in academic circles at the high school and college level. A solid grounding in a foreign language provides a student with many valuable skills: the ability to communicate with people who would have remained inaccessible otherwise, understanding of a whole body of printed material, perception of different ways of ordering reality and interpreting experience. The mirage of a monolingual world has faded and the advantages of foreign language education have become more and more apparent. Even where one's native language is concerned, foreign language learning has much to offer: a clearer understanding of the structure of the native language and, therefore, greater ability to use language effectively.

The AP French Language Examination measures the student's functional ability in each of the four skills involved in foreign language learning: reading, writing, listening, and speaking. A school's AP French Language course thus challenges able students while providing them a means of obtaining college credit or placement or both. More and more colleges are requiring foreign language study for admission, and the fact that a student has successfully completed an AP foreign language course may count heavily in his or her favor.

OBJECTIVES OF THE AP FRENCH COURSE

Note that many of these behavioral descriptors closely parallel the ACTFL Proficiency Guidelines for French to the degree of Advanced-Plus.

LISTENING OBJECTIVES

The listening ability of Advanced Placement French candidates who have completed the AP Language course should allow them to:

> follow the essentials of conversation between educated native speakers who may occasionally use familiar or colloquial expressions;

> follow with general understanding oral reports and lectures on nontechnical subjects; and

> understand standard French transmitted clearly by such means as tape recordings, records, the radio, and the telephone.

Within these contexts, students who can understand the nuances of French intonation patterns and fairly complex structures (e.g. tense usage, passive voice constructions, word order, etc.) and who possess a reasonably broad vocabulary should be able to understand both the content of the message and many of the overtones conveyed by the spoken language (e.g. irony, humor, anger, etc.)

SPEAKING OBJECTIVES

Advanced Placement French Language candidates should have attained a speaking proficiency that allows them to:

> communicate ideas and facts successfully in a form of speech readily understood by native speakers of French;

> discuss topics of current interest and express personal opinions, including hypotheses and conjecture, using the subjunctive and *si*-clauses appropriately and correctly;

> narrate, describe, and explain using past (both *passé composé* and imperfect), present, and future tenses correctly;

> demonstrate a good command of grammatical forms and syntactic patterns;

have immediate recall of a fairly broad range of vocabulary items in order to speak with a certain fluency and accuracy;

speak with an accent that is not so markedly foreign that it interferes with comprehension;

WRITING OBJECTIVES

The AP French Language candidate should have mastered the ability to write in French precisely, convincingly, and correctly on topics of general interest. Students should be able to:

describe and narrate;

present and defend ideas and points of view;

organize arguments and consider opposing points of view;

provide appropriate examples and draw conclusions from them; and

provide introductory remarks, transitions, and conclusions in an essay.

In order to do the above, students must have a good control of most grammatical forms and processes: verb tenses and moods, pronouns, prepositions, negation, comparison, conjunction and subordination, sequence of tenses, hypothetical sentences. Vocabulary should be extensive enough to cover most topics, although gaps in vocabulary can be filled in with circumlocutions. In addition to showing good control of grammar and vocabulary, the students' essay should be organized, to the point, and always understandable.

READING OBJECTIVES

An AP French candidate should have attained a reading proficiency demonstrated by the following abilities:

an ability to read expository and narrative French prose with good overall comprehension, despite some gaps in details and occasional misinterpretations

an ability to separate main ideas from subordinate ones and to recognize hypotheses, supported opinions, and documented facts

an ability to understand French magazine articles on various topics of general interest as well as French advertisements

an ability to read literary texts—novels, essays, poetry, short stories—in their original form

an ability to discriminate between different registers of language (e.g. formal/informal, literary/familiar or colloquial, written/conversational), to recognize many of their important cultural implications, and to appreciate some figurative devices, stylistic differences, and humor

an ability to draw inferences from material read, although recognition of subtle nuances may be limited

an ability to comprehend high-frequency idiomatic expressions and to develop strategies for successful interpretation of unfamilar words, idioms, or structures, based on a broad general vocabulary and solid knowledge of grammatical forms and structures (Example: *à son insu:* past part. of *savoir* and negative prefix *in-*.)

Advanced Placement scoring rubrics, test directions, and portions of the course benefits and objectives are selected from *The Teacher's Guide to Advanced Placement Courses in French Language* and *The Advanced Placement Examination in French Language*, College Entrance Examination Board (1985 and 1989, respectively). Reprinted by permission of Educational Testing Service, the copyright owner of the test questions.

UNIT 1

LISTENING COMPREHENSION: REJOINDERS

<u>Directions:</u> You will hear a series of remarks or questions. After each remark or question has been spoken, you are to select, from among the four choices printed in your test booklet, the *reply* which would most likely be made to the remark or question. For example, you hear:

Now read the four choices in your test booklet.

    (A) C'est assez loin, monsieur; êtes-vous à pied?
    (B) Malheureusement pas; cela fait trois jours qu'il n'est pas sorti.
    (C) Voilà justement le notaire qui sort de chez lui.
    (D) Je regrette, monsieur; le facteur est malade.

Of the four choices, A is the most appropriate reply, so you would mark the letter A on your answer sheet.

Here is another example:

    (A) Je suis désolé, mais je n'ai pas de feu.
    (B) C'est très gentil de ta part.
    (C) Je regrette, mais je ne fume plus.
    (D) Cela me donne mal à la gorge.

Of the four choices, C is the most appropriate reply, so you would mark the letter C on your answer sheet.

NOW GET READY TO ANSWER QUESTION NUMBER ONE.

1. (A) Il faudra en faire avant de prendre l'autobus.
   (B) Je peux te prêter deux cents francs.
   (C) Que fais-tu pour gagner de l'argent de poche?
   (D) Sortez votre carte de crédit.

2. (A) Ah! J'avais oublié qu'on allait élire un nouveau maire.
   (B) Ah! J'ai complètement oublié de noter.
   (C) M. Deschênes sera le nouveau président de la République.
   (D) Notre équipe a bien joué, mais ce sont les autres joueurs qui ont marqué des buts.

3. (A) Mais nous n'avons plus de lait.
   (B) Je vous ai déjà apporté l'addition.
   (C) Avez-vous complété la liste?
   (D) Avec tartine ou croissant?

4. (A) On aurait dû ne pas le laisser jouer avec un canif.
   (B) Mais nous avons fait la connaissance du duc de Nemours.
   (C) Ce n'est guère surprenant. Notre meilleur joueur nous manque.
   (D) Notre but est de partir en équipe de cinq.

5. (A) La télé est en panne chez nous.
   (B) Non, ceci n'est pas de l'art! Je regrette.
   (C) Non, mais j'ai entendu parler de l'auteur.
   (D) Oui, je connais bien l'artiste.

6. (A) On peut flâner près du Bois de Boulogne.
   (B) Ce quartier-là est plus grand.
   (C) Je préfère Saint-Germain-des-Prés.
   (D) Merci, je prendrais celui-là.

7. (A) Ah! tu ne perds jamais tes clés?
   (B) Personne ne te rend visite?
   (C) Combien en veux-tu?
   (D) Tu as pris le métro?

8. (A) Allô? Qui est à l'appareil?
   (B) Bien sûr, l'autobus n'est pas encore arrivé.
   (C) Tu crois? Ce travail est vraiment fascinant.
   (D) Dites-lui que j'arrive.

9. (A) Non, mais nous en avons en coton et en velours.
   (B) Mais si, regardez la vitrine.
   (C) Non, il n'en a pas assez vu.
   (D) Mais si, il y a une cave!

10. (A) Nous en avons plusieurs variétés.
    (B) Mets ton maillot de bain.
    (C) C'est dommage. Ce vin est vraiment excellent.
    (D) L'eau est toujours chaude à midi.

1. (A) Quel parfum?
    (B) Mais il n'y a aucun problème avec ces fenêtres.
    (C) Tu as cassé le pare-brise?
    (D) Qu'il neige alors!

2. (A) Oui, aussitôt que j'aurai trouvé mon anorak.
    (B) Ah! j'adore le bleu.
    (C) Oui, je veux profiter du soleil.
    (D) J'ai mangé deux côtes d'agneau à l'oignon.

3. (A) Oui, mais la besogne du détective est plus complexe.
    (B) Oui, c'est la consigne du concierge.
    (C) Oui, c'est un cours assez difficile.
    (D) Oui, nous louons toujours pour les vacances.

4. (A) Parce que j'ai sommeil.
    (B) Parce que je n'ai plus rien à manger.
    (C) Parce qu'il y a trop de poussière sur le plancher.
    (D) Parce que je me suis fait mal à la cheville.

5. (A) Les piétons ne regardent jamais où ils vont.
    (B) On prend des risques en traversant la rue.
    (C) Qu'il aille à la guerre.
    (D) Il a tué un chat avec sa voiture.

6. (A) J'ai essayé de freiner sur le pavé mouillé, mais…
    (B) Je ne saurais jamais cuisiner.
    (C) Y a-t-il un hôpital dans le quartier?
    (D) Oui, c'était très chaud. J'ai crié.

7. (A) À quelle heure voulez-vous vous lever?
    (B) Ce sera cent francs, madame.
    (C) Vous vous couchez tout de suite?
    (D) Attendez, il est dans la cave.

8. (A) Quel joli tailleur.
    (B) Elle s'y connaît.
    (C) Mais les épaules sont trop carrées.
    (D) Non, je ne peux pas, j'ai mal au coude.

9. (A) Non, je ne suis plus le cours d'arts plastiques.
    (B) Oui, j'en ai trouvé d'autres.
    (C) Oui, j'ai rêvé d'un monstre qui gardait les portes de l'enfer.
    (D) Non, il pleuvait trop.

10. (A) Il y aura certainement un embouteillage.
    (B) Vous risquez de n'y trouver personne.
    (C) Les prix seront trop élevés.
    (D) Là, le ralentissement de la circulation n'est jamais causé par un encombrement.

1. (A) Elle aurait dû prendre son portefeuille.
   (B) Il a beaucoup plu.
   (C) Ses arguments étaient trop faibles.
   (D) Oui, elle les connaît bien.

2. (A) Oui, mais je préfère le cognac du Midi.
   (B) Je les collectionne pour garnir les étagères.
   (C) Et je les ai tous lus.
   (D) Et j'aime leur reliure en cuir.

3. (A) Il ne sait vraiment pas conduire.
   (B) Il fait toujours si froid ici.
   (C) Et nous attendons un taxi depuis quinze minutes!
   (D) Il peut m'emmener?

4. (A) Elle sera dans la banlieue de Londres.
   (B) Tu la trouveras dans la boîte à outils.
   (C) Tout musicien saura la trouver.
   (D) Mais au musée, bien sûr!

5. (A) Elle ne savait pas comment s'y prendre.
   (B) Mais les médicaments lui ont coûté cher.
   (C) La nouvelle liberté lui a fait du bien.
   (D) Il est parti de bonne heure.

6. (A) Mais il a bien choisi ses paroles.
   (B) Sa prononciation était parfaite.
   (C) Tu as cueilli des raisins?
   (D) Le délire l'a pris d'un coup.

7. (A) Il s'intéresse au caractère de ses personnages.
   (B) Le complot est clairement conçu et bien organisé.
   (C) Il perd souvent le fil de ses idées.
   (D) Tous ses personnages sont intrigants.

8. (A) A-t-il aidé à la construction?
   (B) Quelle avalanche!
   (C) On pouvait voir cet incendie de loin.
   (D) A-t-il engagé son propre architecte?

9. (A) Les religieux circulaient souvent à vélo.
   (B) Je n'aimais pas du tout son attitude prétentieuse.
   (C) Il a guéri son pied.
   (D) Il manquait d'enthousiasme.

10. (A) Pourquoi lui as-tu donc dit quelque chose de blessant?
    (B) Tu aurais dû écouter la météo.
    (C) Pourquoi as-tu donc mis ton imperméable?
    (D) On ne va pas en pique-nique alors.

1. (A) Mais je n'y suis pas allé.
    (B) Oui, je m'en suis fait.
    (C) Zut! je ne peux pas venir.
    (D) Non, je n'aime pas ce tour.

2. (A) Mais elle vous appartient.
    (B) Voulez-vous l'échanger contre une autre?
    (C) Je n'aime pas la nouvelle couleur.
    (D) Six, s'il vous plaît.

3. (A) Mais si, c'est moi qui fais la vaisselle
        cette semaine.
    (B) Non, j'ai oublié de les faire.
    (C) Non, j'ai déjà préparé toutes mes leçons
        pour demain.
    (D) Ah! Toutes mes excuses.

4. (A) Je n'aime pas tellement les fruits frais.
    (B) Bien sûr, aussitôt que j'aurai trouvé ma
        canne.
    (C) Et si on nous voit partir?
    (D) Mais j'ai acheté des fraises pour le
        dessert.

5. (A) Oui, je l'ai entendu souvent pendant mon
        enfance.
    (B) Non, mais si tu me passes la carte
        routière...
    (C) Oui, je l'ai lu dans mon cours d'histoire.
    (D) Oui, je sais très bien compter.

6. (A) Évidemment, il était fauché.
    (B) Et il m'a fait bien peur!
    (C) Oui, je voulais une copie claire.
    (D) Je ne savais pas qu'il était là.

7. (A) Impossible, je suis fauché.
    (B) Mais non, je n'ai pas atteint la
        cinquantaine.
    (C) Bon, je suis prêt maintenant.
    (D) Bon, partons en France, alors.

8. (A) Non, je ne fais rien ce week-end.
    (B) Je ne fais pas de planage.
    (C) J'ai tout un jardin!
    (D) Ce petit livre indique toutes les rues de
        la ville.

9. (A) Non, il n'est pas encore arrivé.
    (B) Non, il n'a pas de projets pour l'avenir.
    (C) Non, il a verni son banc.
    (D) Non, je l'ai accompagné tout simplement.

10. (A) Mais c'est une voiture louée.
    (B) D'où partent donc les trains pour Nice?
    (C) Mais je crois que j'ai ce qu'il faut.
    (D) Écoutez! je me gare où je veux.

1. (A) Pas du tout! L'océan était très calme.
   (B) Non, elle n'était pas là à ce moment.
   (C) Nous avons tout notre temps.
   (D) La nostalgie n'est plus ce qu'elle était.

2. (A) Non, apportez-moi de la limonade.
   (B) Bien sûr, ce pantalon est vraiment trop fripé.
   (C) Êtes-vous déjà fatigué d'attendre?
   (D) Ne vous inquiétez pas. Ça ne prendra que quelques minutes.

3. (A) Attendez. La foule va se dissiper.
   (B) Sont-ils tous agités?
   (C) Je n'aime pas ces visites à l'asile.
   (D) Mais non, je n'ai pas d'argent.

4. (A) On n'est pas une bijouterie énorme, vous savez.
   (B) Vous aurez mal à l'estomac alors.
   (C) Non, mais je vous donnerai d'excellents petits pains.
   (D) Oui, essayez celle-là en or avec des émeraudes.

5. (A) Bon! Comme j'ai faim!
   (B) De combien?
   (C) Cela ne me conviendra pas du tout.
   (D) Mais dépêche-toi. Nous sommes déjà en retard.

6. (A) Merci, c'était bon, mais j'ai assez mangé.
   (B) Vous travaillez à ce rayon?
   (C) Mais toute hypothèse est conditionnelle, mon vieux.
   (D) Oui, mais coupez-le en petits morceaux.

7. (A) Ouvrez donc la fenêtre.
   (B) Amenez-la à ma consultation cet après-midi.
   (C) Appelez les pompiers.
   (D) Ne vous en occupez pas.

8. (A) Fais voir le dessin à Chantal.
   (B) On loue un appartement à Paris?
   (C) Les journaux d'aujourd'hui n'ont jamais de reportages intéressants.
   (D) Mais je n'aime pas les émissions de télé.

9. (A) Non, je n'ai pas de chance.
   (B) Oui, je les connais bien.
   (C) Alors, je ne t'aime plus.
   (D) Voilà, je suis prête.

10. (A) Aïe, nous n'avons plus d'essence.
    (B) L'essence de lavande, c'est formidable!
    (C) Augmente le volume, s'il te plaît.
    (D) Ça fait deux fois ce mois-ci!

1. (A) Oui, si seulement on avait un peu moins chaud.
   (B) Oui, il est beaucoup trop grand.
   (C) Qu'il est paresseux!
   (D) Enlève-la, alors.

2. (A) Non, merci, je ne l'aime pas.
   (B) Oui, j'ai très envie de lire.
   (C) Excuse-moi, j'en ai besoin.
   (D) C'est loin, tu sais.

3. (A) Quel temps fait-il?
   (B) Quelle bêcheuse!
   (C) Ça lui a trop coûté?
   (D) Mais maintenant on a baissé les prix.

4. (A) Il saute bien!
   (B) Il conduit trop vite.
   (C) Je crois qu'elle est trop petite.
   (D) Je pense qu'il a tort!

5. (A) Où est l'arrosoir?
   (B) Quand vas-tu au jardin?
   (C) Combien ont-elles coûté?
   (D) On va au café?

6. (A) J'adore les bijoux en or.
   (B) Tu es trop crédule, mon ami.
   (C) Ma télévision est en noir et blanc.
   (D) Alors, la météo s'est trompée.

7. (A) Mets une écharpe autour de ton cou.
   (B) Moi, je ferai un gâteau au chocolat.
   (C) Une robe pour la poupée.
   (D) Je parle aux pigeons.

8. (A) La fin était excellente.
   (B) Ils ont aimé le film.
   (C) Ils vont demander à manger.
   (D) Alors, vous avez consulté l'horaire?

9. (A) Et la chaise est brisée?
   (B) Aïe, aïe, aïe, il va être de mauvaise humeur!
   (C) Il s'est levé de bonne heure.
   (D) Parce qu'il s'est cassé le pied.

10. (A) Elle avait très faim.
    (B) Elle s'est blessée au menton.
    (C) Elle s'est lavé les mains à l'eau froide.
    (D) Elle est devenue toute rouge.

1. (A) Oui, papa a mis la table.
   (B) Non, nous les apprenons.
   (C) Oui, je les ai plantées dans le jardin.
   (D) Non, il faut en acheter.

2. (A) Ce n'est pas nous!
   (B) Non, c'est du chocolat blanc.
   (C) Les journaux sont sur la table.
   (D) Voilà pourquoi je ne trouve pas mon miroir!

3. (A) Ce n'est pas possible!
   (B) Quel magnifique sourire!
   (C) Il faut lui en trouver quelques-uns.
   (D) Eh bien, il est toujours de bonne humeur.

4. (A) Je suis très fatigué.
   (B) Zut! J'espérais faire de la voile.
   (C) Elle est méchante.
   (D) Quelle mauvaise humeur!

5. (A) Non, je ne suis pas d'accord.
   (B) Je pense que c'est lourd.
   (C) Je ne l'ai pas encore essayée.
   (D) Oui, bien sûr, il est superbe!

6. (A) La nuit dernière, il était malade.
   (B) Oui, nous sommes allés à la campagne.
   (C) Notre voyage sera excellent.
   (D) Ah oui, je comprends.

7. (A) Bon, alors je les prends.
   (B) J'aime ce qui est bien fait.
   (C) Oui, il fait frais aujourd'hui.
   (D) Mais il a les yeux bleus.

8. (A) Elle adore les couleurs.
   (B) Elle est à côté de la fenêtre.
   (C) Elle ne fait jamais rien.
   (D) Elle ne pense qu'à elle-même.

9. (A) Mais, j'aime la peinture moderne.
   (B) Beaucoup de jeunes apprécient la musique classique.
   (C) L'amour adoucit les mœurs.
   (D) Les jeunes ont pris tous les disques.

10. (A) Oui, il n'aime pas les animaux.
    (B) Ah non, je ne suis pas d'accord.
    (C) Allô! Oui, j'écoute.
    (D) Il est trop occupé.

1. (A) Attention, les billets aux jeux Olympiques coûtent très cher.
   (B) Non, je ne suis pas assez rapide.
   (C) Si seulement on pouvait gagner une médaille!
   (D) Évidemment, les touristes vont affluer.

2. (A) Le renard adore les poules.
   (B) L'homme va tuer le renard.
   (C) Bon, je l'aurai à l'œil.
   (D) Cheveux roux, teint rosé. Bon, je me mets en garde.

3. (A) Quel dommage! J'adore les gâteaux.
   (B) Je ne peux donc pas y aller à pied.
   (C) J'ai toujours voulu en prendre un.
   (D) Non, je préfère la loterie.

4. (A) Toi aussi, tu peux toujours courir.
   (B) Oui, tu es excellente.
   (C) Oui, je vous comprends parfaitement.
   (D) Oui, mon amie me raconte sa vie en détail.

5. (A) Moi, j'aime l'escrime.
   (B) Mais elle ne pleure pas sans raison.
   (C) Il ne m'ennuie pas souvent.
   (D) Écoutons les prévisions de la météo.

6. (A) Il vient de tomber.
   (B) Quel temps fait-il?
   (C) Non, il pleut trop maintenant.
   (D) Mais il ne connaît même pas ma tante.

7. (A) Ce n'est pas juste!
   (B) Je savais ma leçon.
   (C) L'eau était trop froide.
   (D) Mais je suis assez grand, j'ai douze ans.

8. (A) Oui, il est très critique.
   (B) Oui, il est souvent malade.
   (C) Moi aussi, je suis tante.
   (D) Moi aussi, j'aime un bon vin.

9. (A) Non, je n'ai pas compris.
   (B) Non, le prix est trop élevé.
   (C) Oui, chaque homme doit faire son service militaire.
   (D) Oui, quinze pour-cent.

10. (A) Oui, j'adore le homard.
    (B) Tire-toi. Tu n'as pas besoin de le faire.
    (C) Faites-en une copie, alors.
    (D) C'est exactement pourquoi j'adore en manger.

1. (A) Oui, quel dommage!
   (B) Mais le docteur dit que ce n'est pas grave.
   (C) Oui, ça me donne envie de déguster un bon bordeaux.
   (D) On prend la route de montagne?

2. (A) Tu n'aurais jamais dû le savoir.
   (B) Il serait intéressant de déterminer leur classement.
   (C) Vous n'avez qu'à choisir.
   (D) Ça coupe le souffle.

3. (A) Et la lauréate était une petite Orléanaise.
   (B) C'est un compositeur très connu.
   (C) Je crois connaître le flûtiste.
   (D) Et les musiciens doivent courir?

4. (A) Oui, les styles sont trop différents.
   (B) La géométrie exige un travail méticuleux.
   (C) Pourquoi es-tu donc venu en Égypte?
   (D) Écoute, va voir les loups!

5. (A) Récemment, la compagnie souffre d'un manque de fonds.
   (B) Je croyais que c'était démodé.
   (C) Je lui ai souhaité son anniversaire.
   (D) Elle est malade?

6. (A) Non, je ne suis pas le seul coupable.
   (B) Un comptable travaille avec les chiffres et les budgets.
   (C) Il a été nommé à ce poste il y a deux jours.
   (D) Je vois que vous partagez ma douleur.

7. (A) Je n'ai pas besoin de réservations.
   (B) Cela le rend valable.
   (C) Aussitôt que j'aurai trouvé une corbeille.
   (D) On acceptera ma carte de crédit?

8. (A) Oui, ils partiront samedi.
   (B) Oui, ce sera bon pour le ski.
   (C) Y avait-il plusieurs blessés?
   (D) L'ambassade est toujours en train de se renseigner.

9. (A) Oui, il est revenu avant-hier.
   (B) Oui, il loue son petit appartement.
   (C) Oui, il reçoit des chèques sans travailler.
   (D) Oui, son salaire s'accorde mal avec ses besoins.

10. (A) Non, je n'ai pas encore atteint l'âge de la majorité.
    (B) Oui, ça fait huit semaines que je ne travaille pas.
    (C) Non, il fait tellement frais ici.
    (D) Oui, et voilà ma nouvelle Renault 5.

1. (A) Il a le pied cassé.
   (B) Doucement! Son père ne supporte aucun bruit.
   (C) Mais il joue de la trompette mieux que toi.
   (D) Le défilé aura lieu samedi matin.

2. (A) C'est en voie de développement.
   (B) Toi et tes chameaux!
   (C) Oui, je préfère la livraison à domicile.
   (D) La compagnie exige ce travail de moi.

3. (A) Il sera souhaitable de mettre un terme à ces bêtises.
   (B) Si on entreprenait un redressement des punitions?
   (C) Il faut prendre des mesures pour conserver l'eau.
   (D) La situation alimentaire s'empire aussi.

4. (A) Ils mangent toujours des bonbons.
   (B) Ça leur permet de se nourrir comme il faut.
   (C) Ils suivent les points de repère suggérés par ce régime.
   (D) Les frites sont à éviter.

5. (A) Ne faisons pas la sourde oreille.
   (B) Ceux qui s'en plaignent s'inquiètent de n'importe quoi.
   (C) Oui, je préfère aller à la plage qu'à la montagne.
   (D) Le bruit m'énerve.

6. (A) Mais on n'a pas de roi depuis plus d'un siècle.
   (B) On va moderniser le décor?
   (C) Mais ce train dessert toute la région.
   (D) Tant mieux! J'aurai surement faim.

7. (A) Il doit avoir une confiance totale en lui.
   (B) Il doit être large d'esprit.
   (C) Il est dommage qu'il soit sourd.
   (D) Il marche sur les traces de son ami.

8. (A) Il faut retirer une somme énorme.
   (B) Peut-on faire le versement quand même?
   (C) Le dernier retrait l'a épuisé.
   (D) Personne n'a su mon code confidentiel.

9. (A) Ils cherchent de l'argent de poche.
   (B) Ils ne croient personne.
   (C) Il faut rendre des fonds plus accessibles.
   (D) Et les jeunes grandissent vite!

10. (A) Ils n'ont pas de puces?
    (B) Ça doit casser les oreilles des voisins.
    (C) Ça doit leur faire plaisir au moins.
    (D) Attention! Les œufs sont fragiles.

UNIT 2

EXTENDED LISTENING COMPREHENSION: DIALOGUES

This unit consists of a series of dialogues and narratives in standard spoken French. They provide practice in listening to and understanding French spoken at a normal rate of speed. The dialogues and questions appear on the tape and are printed in the Teacher's Manual. Only the four answer choices are printed in the student text.

Directions: You will now listen to some extended dialogues. After each dialogue, you will be asked several questions about what you have just heard. Select the best answer to each question from among the four choices printed in your test booklet. There is no sample question for this part. Now listen to the first dialogue.

DIALOGUE NUMÉRO 1

1. (A) Au marché aux puces
   (B) Dans un grand magasin
   (C) À la teinturerie
   (D) Chez le tailleur

2. (A) À cause de la garantie
   (B) Comme cadeau
   (C) La couleur lui a plu
   (D) Elle aimait le genre

3. (A) Pour acheter un autre pull
   (B) Pour voir les différents genres de pull qu'on vend
   (C) Parce que le pull a rétréci
   (D) Pour échanger le pull

4. (A) Elle n'en a pas besoin.
   (B) Elle ne sait pas ce qu'elle veut.
   (C) Le vendeur sait ce qu'elle veut.
   (D) Le vendeur l'interrompt sans cesse.

5. (A) Ce n'est pas la bonne taille.
   (B) Son mari n'aime pas le style.
   (C) Il est irrétrécissable.
   (D) Son mari ne peut pas le porter.

1. (A) De ses activités en ville
   (B) De Marie-Christine
   (C) Des contraventions
   (D) De ses études

2. (A) Parce qu'il attendait sa mère
   (B) Parce que c'était à côté du parcmètre
   (C) Parce qu'il a dû chercher une place
   (D) Parce qu'il est aussi allé au magasin de disques

3. (A) Antoine n'a pas vu le parcmètre.
   (B) Antoine n'avait pas la monnaie pour le parcmètre.
   (C) Le parcmètre ne marchait pas.
   (D) Antoine n'a pas payé, parce qu'il n'allait pas rester longtemps.

4. (A) Parce qu'il était à la bibliothèque
   (B) Parce qu'il faisait des courses pour sa mère
   (C) Parce qu'il rendait sûrement visite à sa petite amie
   (D) Parce que ses notes baissent

5. (A) Parce qu'il n'a pas trouvé la cassette qu'il cherchait
   (B) Parce qu'il est responsable
   (C) Parce qu'il est irresponsable
   (D) Parce que les contraventions ne sont pas justifiées

1. (A) Elle est pédiatre.
   (B) Elle est psychiatre.
   (C) Elle est vétérinaire.
   (D) Elle est chirurgien.

2. (A) Une fièvre
   (B) Une toux
   (C) Des indications d'empoisonnement
   (D) De la léthargie

3. (A) Qu'elle brosse et peigne Pierre
   (B) Qu'elle se repose avec Pierre
   (C) Qu'elle l'amène à sa consultation
   (D) Qu'elle donne à manger à Pierre

4. (A) Parce qu'il a été empoisonné
   (B) Parce qu'il a froid
   (C) Parce qu'il fume trop
   (D) Parce qu'il avale son poil

5. (A) Parce qu'elle n'a pas beaucoup de temps
   (B) Parce que le docteur Brunet ne fait rien
   (C) Parce que Pierre est son unique compagnon
   (D) Parce qu'elle s'alarme

1. (A) Parce qu'il est amateur de vieilles armes
   (B) Parce qu'il est inspecteur de police
   (C) Parce qu'il est collectionneur
   (D) Parce que son ami y a jeté un coup d'œil

2. (A) Dans un musée
   (B) Dans un grand magasin
   (C) Chez un antiquaire
   (D) Chez un bouquiniste

3. (A) Les imitations
   (B) Les sabres de Bavière
   (C) Les armes orientales
   (D) Les armes de l'Europe du Moyen Âge

4. (A) À cause de la lame brisée
   (B) À cause de son origine
   (C) Parce que les pierres sont sombres
   (D) Parce que c'est une imitation

5. (A) Avec l'arrestation de l'antiquaire
   (B) Avec la vente du sabre oriental
   (C) Avec le départ d'un client déçu
   (D) Avec la fermeture de la boutique

1. (A) À l'école
   (B) À la maison
   (C) À l'église
   (D) À Domrémy

2. (A) De littérature
   (B) D'histoire
   (C) De religion
   (D) De morale

3. (A) Aux Anglais
   (B) À l'institutrice
   (C) À Dieu
   (D) Au roi

4. (A) Parce que c'était l'ordre du roi
   (B) Pour lever le siège des Anglais
   (C) Pour le faire couronner
   (D) Parce qu'ils allaient être punis

5. (A) Il veut s'excuser.
   (B) Une souris est entrée dans la classe.
   (C) La maîtresse s'est répétée.
   (D) La maîtresse s'est trompée sur les faits.

1. (A) À cause de la confiance d'Anne
   (B) À cause des notes de calcul
   (C) À cause des soupçons de Catherine
   (D) À cause du petit ami d'Anne

2. (A) Parce que Catherine a confirmé ses opinions
   (B) Parce qu'il n'a pas confiance en sa fille
   (C) Parce qu'Anne a besoin de vérifier ce qu'il dit avec Catherine
   (D) Parce que Jacques a oublié de le saluer

3. (A) Aux opinions de Catherine
   (B) À l'apparence physique du jeune homme
   (C) À la réaction de sa fille
   (D) Aux opinions politiques de Jacques

4. (A) Parce que son apparence physique cloche avec sa personnalité
   (B) À cause de ses manières
   (C) Parce que le jeune homme est dangereux
   (D) À cause des opinions politiques du jeune homme

5. (A) Qu'il pense trop à la politique
   (B) Qu'il n'est pas très poli
   (C) Qu'il a toujours raison
   (D) Qu'il ne veut pas parler

1. (A) De voyager en Angleterre
   (B) D'aller au cinéma
   (C) De rendre visite à Henri
   (D) D'aller au théâtre

2. (A) Elle n'est jamais allée au cinéma.
   (B) Elle n'est pas allée au cinéma depuis longtemps.
   (C) Elle a envie de voir Henri.
   (D) Elle aime Chabrol.

3. (A) Un film d'épouvante
   (B) Un film scientifique
   (C) Une comédie
   (D) Un film d'amour

4. (A) Elle a peur d'aller au cinéma.
   (B) Elle a un examen demain.
   (C) Ça ne l'intéresse pas.
   (D) Elle n'a jamais vu un tel film.

5. (A) Il aime les araignées.
   (B) Il les voit fréquemment.
   (C) Il admire les procédés mécaniques.
   (D) Il n'a jamais osé en voir un.

1. (A) Le langage des chats
   (B) La situation
   (C) Pourquoi la femme rit
   (D) Son imagination

2. (A) Sortir
   (B) Être caressé
   (C) De l'eau
   (D) Du vent

3. (A) De ne rien communiquer
   (B) D'une intelligence presque humaine
   (C) De tricher
   (D) D'émettre des sons humains

4. (A) Pour elle, le jeune homme devient fou.
   (B) Elle croit que les sons des chats sont distincts.
   (C) Elle croit que le jeune homme a besoin d'un chapeau.
   (D) Elle pense qu'elle perd son imagination.

5. (A) De tricher
   (B) De raconter des histoires
   (C) D'aimer le chat
   (D) De partir

1. (A) Dans une banque
   (B) Dans un café
   (C) Dans la cuisine
   (D) À l'école

2. (A) Avant l'engagement d'une femme de ménage
   (B) Avant l'arrivée du jeune docteur blond
   (C) Avant de se coucher
   (D) Avant le retour de maman

3. (A) Parce qu'elle pense que c'est de l'esclavage
   (B) Parce qu'elle attend avec impatience son rendez-vous avec le jeune docteur blond
   (C) Parce qu'elle croit que sa femme de ménage aurait dû faire la vaisselle
   (D) Parce qu'elle croit que son frère doit faire la vaisselle

4. (A) Parce que sa patience a des limites
   (B) Parce qu'il s'intéresse plutôt à ses amis
   (C) Parce qu'il envie à sa sœur sa nouvelle Ferrari
   (D) Parce qu'il croit qu'on peut rêver plus tard

5. (A) De plaire au jeune médecin
   (B) De tourner à droite
   (C) De faire le ménage
   (D) De se promener sur la plage

1. (A) De tempérance
   (B) De sénilité
   (C) De nationalisme chauvin
   (D) De ne se souvenir de rien

2. (A) Le vin new-yorkais
   (B) Le vin français
   (C) Le vin italien
   (D) Le vin californien

3. (A) Le climat tempéré
   (B) Les recherches
   (C) Les différents bouquets
   (D) L'appellation contrôlée

4. (A) Ils commencent à concurrencer les vins français.
   (B) Ils forcent un contrôle de production.
   (C) Ils doivent être détruits.
   (D) Ils manquent de compétition.

5. (A) Le père les compare à une sauce tomate.
   (B) On les rejette.
   (C) On doit limiter leur dégustation à table.
   (D) Le père les aime aussi.

1. (A) Il est impossible.
   (B) Il a eu plusieurs prises de sang.
   (C) Il se moque de tout le monde.
   (D) Il est malade.

2. (A) Du virus de la fatigue
   (B) D'une prise de sang
   (C) De sommeil
   (D) D'une imagination fertile

3. (A) Il a été reconnaissant.
   (B) Les médecins se moquaient de lui.
   (C) On a découvert le virus.
   (D) Il a été assommé.

4. (A) On ne le prend pas au sérieux.
   (B) On pense qu'il est gravement malade.
   (C) On se croit obligé de l'aider.
   (D) On s'inquiète.

5. (A) Elle ne l'a pas trouvé en bonne santé.
   (B) Elle lui a téléphoné.
   (C) Elle n'a pas de peine.
   (D) Elle l'a trouvé qui dormait.

1. (A) Parce qu'elle a peur des conséquences
   (B) Parce que son frère l'a poussée vers le vase
   (C) Parce qu'elle veut être privée de dessert
   (D) Parce qu'elle s'est trompée

2. (A) De lui avoir jeté un sale regard
   (B) D'avoir cassé le vase
   (C) D'avoir perdu l'équilibre
   (D) De n'avoir rien fait

3. (A) Il perdait l'équilibre.
   (B) Il faisait ses prières.
   (C) Il décalait.
   (D) Il lisait.

4. (A) Le remplacement du vase
   (B) La privation de dessert
   (C) Une réprimande
   (D) D'être enfermé tout seul dans la chambre

5. (A) Parce que grand-mère est de mauvaise humeur
   (B) Parce que c'était un héritage
   (C) Parce que le vase avait une grande valeur
   (D) Parce que le vase est moche

1. (A) Il a décidé de ne plus en faire.
   (B) Il préfère s'amuser avec des amis.
   (C) Il va écrire un devoir.
   (D) Il a trop de devoirs à rattraper.

2. (A) Il ne l'aime pas.
   (B) Il ne pourrait jamais devenir professionnel.
   (C) Il préfère se préparer à une carrière d'écrivain.
   (D) Il perd la tête.

3. (A) Il soutient la décision.
   (B) Il croit que son fils devient fou.
   (C) Il croit qu'il rêve.
   (D) Il rigole.

4. (A) Le tennis et la marche à pied
   (B) Le football et le jogging
   (C) Le jogging et le tennis
   (D) La marche à pied et le foot

5. (A) De monter à la tour.
   (B) D'aller se promener en voiture de sport.
   (C) D'acheter des chaussures de sport.
   (D) D'aller se promener à pied.

1. (A) Elle est agent immobilier.
   (B) Elle est journaliste.
   (C) Elle est touriste.
   (D) Elle est guide touristique.

2. (A) D'un inconnu
   (B) Du monsieur
   (C) De sa grand-mère
   (D) D'un cinéaste

3. (A) Parce qu'elle ne se vend pas
   (B) Parce que la grand-mère l'a remarqué il y a des années
   (C) Parce que tout le village soutient la théorie
   (D) Parce que tout s'allume et s'éteint sans explication

4. (A) Les réalisateurs de cinéma
   (B) Les journalistes
   (C) Les habitants du village
   (D) La famille de Mme Curie

5. (A) Parce qu'elle veut parler avec la grand-mère
   (B) Parce qu'elle va commencer à écrire son article
   (C) Parce qu'elle s'aperçoit que le monsieur a beaucoup d'imagination
   (D) Parce qu'elle a peur des conséquences

1. (A) Un catalogue
   (B) Un postier
   (C) Des feuilles imprimées
   (D) Un livre d'images

2. (A) Elle n'a pas reçu de cadeaux.
   (B) Elle ne peut pas regarder le livre en même temps.
   (C) Le jeune homme va feuilleter le catalogue d'abord.
   (D) Elle veut tourner les pages.

3. (A) Des couleurs
   (B) Des prix
   (C) Des jupes
   (D) Des images

4. (A) Il pense à Noël.
   (B) Il se casse le pied.
   (C) Il prend du chocolat.
   (D) Il tourne les pages rapidement.

5. (A) La sœur commence à raconter des histoires à sa mère.
   (B) Le frère reste seul à feuilleter le catalogue.
   (C) Ils continuent à regarder le catalogue.
   (D) Le frère jette le catalogue par la fenêtre.

1. (A) Au palais
   (B) Dans la leçon d'histoire
   (C) Dans un asile de fous
   (D) À un musée

2. (A) À cause de son âge
   (B) Parce qu'il se prend pour Napoléon
   (C) Parce que le jeune homme se montre impoli
   (D) Parce qu'il est question de politique

3. (A) Pour se moquer de M. Guérin
   (B) Pour déterminer la limite de sa fantaisie
   (C) Pour insulter M. Guérin
   (D) Pour protéger M. Guérin

4. (A) Il est pris dans sa fantaisie.
   (B) Aux médicaments
   (C) Aux légumes et à une pomme quotidienne
   (D) Aux impôts

5. (A) Il vient de faire une promenade.
   (B) Il est content de son entourage.
   (C) Il n'aime pas se répéter.
   (D) Napoléon n'accepte aucune imperfection pour son service.

1. (A) Au spécialiste de la rue de Vaugirard
   (B) Aux cuisiniers du quartier
   (C) À des amis
   (D) Au grand public

2. (A) Des cuisines osées et pratiques
   (B) Des cuisines nacrées et synthétisées
   (C) Un magazine d'ameublement pour cuisine
   (D) Des prix spéciaux aux premiers clients

3. (A) En abandonnant leur travail
   (B) En achetant le magasin Jidé
   (C) En osant changer leur cuisine
   (D) En admirant les nouveautés chez Jidé

4. (A) C'est une valeur exceptionnelle.
   (B) Il est synthétique.
   (C) Le magasin offre 27 styles en plusieurs couleurs.
   (D) Le magasin est toujours ouvert.

5. (A) Un rabais pour tout achat à court terme
   (B) Les prix sans raison
   (C) Un appareil ménager gratuit
   (D) Le choix de couleurs

1. (A) Dans une voiture
   (B) Dans un parking
   (C) À la préfecture de police
   (D) À l'hôpital

2. (A) Le manque de radio
   (B) Un encombrement
   (C) Un accident de camion
   (D) Une route en construction inachevée

3. (A) Les heures de pointe en ville
   (B) La circulation estivale des vacanciers
   (C) La circulation due à la surpopulation de Lyon
   (D) Un accident de train

4. (A) En prenant les petites routes
   (B) Si on avait écouté la météo.
   (C) Si on avait une radio
   (D) En passant devant la ferme

5. (A) Une grande panique
   (B) Des moutons bloquent la route
   (C) Une voiture a heurté une vache
   (D) Un camion renversé

1. (A) À Lyon
   (B) À l'hôtel
   (C) À la banque
   (D) À la succursale de Lyon

2. (A) Pour verser des fonds à son compte
   (B) Pour endosser un chèque
   (C) Pour ouvrir un compte
   (D) Pour toucher un chèque

3. (A) Des billets de banque
   (B) Des pièces d'identité
   (C) Des Cartes bleues
   (D) Des transactions

4. (A) En grandes coupures
   (B) En petites coupures
   (C) En monnaie
   (D) En chèque

5. (A) Elle est encourageante.
   (B) Elle est sévère.
   (C) Elle est prétentieuse.
   (D) Elle est aimable.

1. (A) Dans une ferme pauvre
   (B) Au début du siècle
   (C) Dans une grande ville
   (D) Dans une ferme vaste et aisée

2. (A) Lorsqu'elle trouvait quelques minutes ça et là
   (B) Le soir après le travail
   (C) Pendant les vendanges
   (D) Quand, enfin, elle est allée à l'école

3. (A) Elle préférait son ouvrage de dentelle.
   (B) Elle n'était pas recommandée.
   (C) Elle était trop pauvre.
   (D) Elle n'avait jamais rien appris.

4. (A) Que le mensonge ne mène nulle part
   (B) D'essayer de prouver le contraire
   (C) De détenir un sens profond de la justice
   (D) De plaider la cause des coupables

5. (A) Elle n'aimait pas les attitudes.
   (B) Elles n'étaient pas contestables.
   (C) Elle ne comprenait pas le jargon.
   (D) Elle avait les siennes.

1. (A) Un professeur
   (B) Un ami de l'homme
   (C) La serveuse dans un café
   (D) Une standardiste

2. (A) Le téléphone ne marche pas.
   (B) Il ne peut pas trouver le numéro.
   (C) Il n'a pas raccroché le combiné.
   (D) Il a oublié de composer l'indicatif régional.

3. (A) Elle raccroche.
   (B) Elle compose le numéro.
   (C) Elle interrompt la ligne.
   (D) Elle reste à l'écoute.

4. (A) Il n'a plus de monnaie.
   (B) Il a oublié l'indicatif régional.
   (C) La ligne ne marche pas.
   (D) Il ne peut pas attendre.

5. (A) L'homme connaît l'indicatif régional.
   (B) L'homme a enfin compris.
   (C) L'homme appelle sa tante.
   (D) L'homme a trouvé de la monnaie.

1. (A) Depuis juillet
   (B) Quelques semaines
   (C) Un mois entier
   (D) Pas une semaine

2. (A) L'isolement
   (B) La plage
   (C) Le sport
   (D) La foule

3. (A) Il aime la musique.
   (B) Les radios y sont interdites.
   (C) Il aura son walkman avec lui.
   (D) Il sera absorbé par la lecture de son journal.

4. (A) À la plage
   (B) À la montagne
   (C) Sur la Côte d'Azur
   (D) En voyage organisé

5. (A) On ne peut pas se balader.
   (B) Il n'y a pas de montagnes.
   (C) Les radios y sont interdites.
   (D) Les plages sont petites, peuplées et polluées.

1. (A) Une machine à couper
   (B) Un purificateur d'eau
   (C) Un déshydrateur
   (D) Un séchoir

2. (A) Au gaz
   (B) À l'électricité
   (C) Au vent et à l'électricité
   (D) À la stérilisation

3. (A) Elle rafraîchit les aliments.
   (B) Elle sèche les aliments.
   (C) Elle garde la fraîcheur des aliments.
   (D) Elle coupe les aliments.

4. (A) Stériliser les aliments
   (B) Mettre les morceaux en boîtes
   (C) Sécher les fruits
   (D) Couper les légumes en morceaux

5. (A) Il faut du vent et du soleil.
   (B) Aucun produit chimique n'est ajouté.
   (C) La stérilisation n'est pas longue.
   (D) La méthode n'est pas toute simple.

UNIT 3

GRAMMAR: ONE-WORD COMPLETION

> Directions: In each of the following sentences, one word has been omitted and replaced by a line. Complete each sentence by writing on this line the **ONE SINGLE** French word that is correct in **BOTH** meaning and form according to the context of each sentence. **NO VERB FORMS** may be used. Expressions such as "jusqu'à", "ce qui" and "ce que" are not considered single words.
>
> Examples:
>
> Jean ___*n'*___ est pas grand.
>
> Cela ne dépend que ___*de*___ vous.

───────────────────────────── **SÉRIE NUMÉRO 1** ─────────────────────────────

1. Les camarades boivent tous de la limonade _____ un même verre.

2. Les amants se sont promenés _____ long du quai.

3. La plupart _____ jeunes contestent l'autorité du gouvernement.

4. _____ s'agit d'un poème de la Résistance.

5. La fille aînée se montre très jalouse _____ sa cadette.

6. J'ai fait des photocopies des articles _____ le professeur a parlé.

7. Je ne te parle pas _____ père de Cécile, mais de son oncle.

8. _____ il neige alors! Je voudrais aller faire du ski.

9. Le concert _____ nous avons assisté était vraiment superbe.

10. Ces idées ne servent _____ rien. Réfléchissez encore un peu.

1. Martine comprend bien la mythologie et elle _____ fait souvent allusion dans son journal.

2. Tenez! Les enfants, je vous ai apporté quelque chose _____ formidable!

3. Ni Paul ni Estelle _____ pouvait assister à la fête du village.

4. Ce pays ne veut pas faire la paix _____ le nôtre. Quel dommage!

5. Est-ce _____ qui as fait entrer le chien dans la cuisine?

6. Marc a renversé l'encre tout _____ nettoyant le pupitre.

7. Antoinette voyage _____ trois mois sans nous écrire un mot. Nous commençons à nous inquiéter.

8. J'ai oublié mon stylo, prête-m'en un des _____ afin que je finisse mon examen.

9. Jean était bouleversé et ne savait _____ répondre au lieutenant.

10. Tu as mis trop _____ œufs dans ce gâteau: ce n'est pas un soufflé!

1. Les sciences _____ que la physique et la chimie exigent des connaissances en algèbre.

2. Montre-moi tes photos et je te ferai voir _____ qu'Antoine a prises avec son nouvel appareil.

3. En apprenant les tristes nouvelles, Adèle a fondu _____ larmes.

4. Dites-moi _____ dont vous avez besoin et je ferai de mon mieux.

5. De _____ mes professeurs, je préfère M. St. Germain.

6. La chambre numéro neuf a une grande fenêtre qui donne _____ la place principale.

7. Les pauvres n'ont pas de _____ manger à cause de la famine.

8. Efforcez-vous _____ mieux écrire, ou personne ne voudra lire vos lettres.

9. J'adore cette vieille lampe à pétrole. Et toi, _____ tiens-tu?

10. Après lui en avoir tiré les épines, le docteur a pansé _____ main.

1. _____ m'est arrivé quelque chose d'étrange l'autre jour.

2. Tu n'as _____ à y mettre du sucre pour rendre ce café moins amer.

3. Le client _____ vous vous moquiez vient d'entrer, soyez gentil.

4. Recevoir le prix, _____ ne m'intéresse pas.

5. Je n'ai plus besoin _____ dossiers que tu m'as prêtés.

6. On y montre deux films. _____ préférerais-tu voir?

7. Le professeur m'a défendu _____ parler à haute voix.

8. Sortir sous la pluie? Quelle drôle _____ idée!

9. Tu ne dis jamais _____ de positif! Pourquoi es-tu si pessimiste?

10. C'était maman _____ maintenait cette idée. Pas moi!

1. Tes idées sont plus clairement conçues que ＿＿＿＿＿＿ de Jean-Paul.

2. Déguisée ＿＿＿＿＿＿ infirmière, Claire est entrée dans la chambre du malade.

3. Pas un son ＿＿＿＿＿＿ s'entendait dans la salle quand le juge est entré.

4. Cette fois, ＿＿＿＿＿＿ quoi le candidat renoncera-t-il pendant son discours?

5. La montagne était couverte ＿＿＿＿＿＿ neige.

6. Est-il possible que Pierre se trouve caché ＿＿＿＿＿＿ tous ces inconnus?

7. L'homme ＿＿＿＿＿＿ cheveux gris s'approchait lentement de la porte.

8. Au cas ＿＿＿＿＿＿ tu sortirais, emmène ton petit frère avec toi.

9. Nous descendions en ville ＿＿＿＿＿＿ samedi pour jouer au baby-foot.

10. Grâce ＿＿＿＿＿＿ travail de Lucie, nous pouvons continuer l'expérience nucléaire.

1. Tout à coup, Sylvie a pensé _____ son père qui était absent.

2. _____ son départ, elle contemplait sa photo pendant des heures.

3. Si j'avais un petit gâteau, je vous _____ donnerais la moitié.

4. Je n'en sais rien! Je n'en ai pas la _____ idée. Demande à ton père.

5. On a retrouvé le revolver avec _____ il a tiré sur le gendarme.

6. L'essence coûte dix francs _____ litre, prends ton vélo.

7. Ces devoirs que tu as faits ne servent à _____. Recommence!

8. Les Martin, tu _____ connais?

9. Tu me prêtes ton vélo? Le mien et _____ de ma sœur sont en panne.

10. Parle-moi du concert _____ tu as assisté.

1. Le président est entré dans la salle et nous _____ avons tendu la main.

2. _____ Adam avait compris. Les autres en ignoraient le sens.

3. C'est la vérité! Je te _____ assure!

4. Nous avons apporté du vin _____ du dessert pour le pique-nique.

5. Les conférences _____ j'ai assisté étaient bien ennuyeuses.

6. Le maréchal détient trop de pouvoir. Il _____ est vraiment ivre!

7. Emma ne prêtait pas attention aux clowns. Les événements du cirque ne semblaient pas _____ intéresser.

8. Je ne comprends _____ de ces modèles.

9. Le professeur ne comprenait pas _____ que l'élève lui disait.

10. La dame _____ chapeau blanc est entrée dans la chapelle.

1. Ce matin, Sophie a été surprise quand _____ trois heures pile le téléphone a sonné.

2. Si le café a un goût amer, mets-y _____ sucre.

3. Cette situation est pareille _____ l'épisode qu'a raconté votre mère.

4. La ville a _____ de bien: il y a des distractions et beaucoup de monde.

5. Cette explication que tu offres n'est pas _____ à laquelle je m'attendais.

6. _____ est interdit de fumer dans l'église. Éteignez ce cigare, monsieur.

7. Nous avons fini _____ reconnaître la bonne solution découverte par les techniciennes.

8. Sylvain a parlé de son enfance, mais il ne nous _____ a pas dit grand-chose.

9. Vous n'avez _____ à lui expliquer le problème encore une fois.

10. On montrait plusieurs bonnes pièces à cette époque. Dans _____ jouiez-vous?

1. _____ sont les dimensions de cette pièce? Le tapissier en a besoin.

2. On n'a pas dit à la grand-mère _____ qui s'était passé.

3. Ce qu'il y a d'intéressant, _____ est que les autres n'en savent rien non plus.

4. Quand je n'avais plus d'argent, je lui _____ demandais.

5. Philippe aurait essayé, mais _____ quoi bon? Les jeux étaient faits.

6. Vous n'avez _____ raison de vous faire du souci. Les voilà!

7. Il ne te reste _____ une date à noter dans ton agenda: celle de mon anniversaire.

8. Les enfants rêvaient _____ chocolats.

9. Cela dépend de vous, je vous _____ ai déjà dit.

10. Ce sont des solutions _____ je n'avais pas pensé.

1. Le jeune homme se montre sourd _____ demandes de ses parents et fait exactement ce qu'il veut.

2. M. Charpentier est un expert. Il sait ce _____ il parle.

3. Il nous a montré son aquarelle parce qu'il _____ était très fier.

4. Quand le professeur est entré, l'élève s'est arrêté _____ faire des bêtises.

5. Le malade était triste car _____ de ses amis n'était venu lui rendre visite.

6. Je m'intéresse aux statuettes chinoises, moi aussi. Passe-moi _____ dont tu parles.

7. Racontez-moi tout _____ que vous avez vu pendant vos vacances en Afrique.

8. Si les gants se vendent à vingt-cinq francs _____ paire, j'en achète deux.

9. L'assassin a tiré _____ le président.

10. _____ qui sont ces chaussettes? —Ce sont les miennes!

1. Le candidat a offert la main à tous _____ qui sont entrés sauf à M. Pigier.

2. La vieille femme travaillait dans un petit jardin à côté _____ s'étendait un grand terrain vague où jouaient les enfants sans famille.

3. L'auteur _____ tu m'as parlé est mort récemment.

4. Ce détective ne sait pas de _____ il parle. Il n'était pas à la conférence.

5. Le jeune homme courait vite comme _____ sa vie en dépendait.

6. La robe avec _____ tu vas au théâtre me semble très bien.

7. Madeleine songeait _____ la somme qu'elle pouvait demander.

8. _____ dix francs tu auras deux on trois roses magnifiques.

9. Mme Dubois a repris la parole _____ un air froissé.

10. Ces fruits coûtent quinze francs _____ kilo.

1. Pendant notre voyage, nous n'avons rien vu ni _____ entendu.

2. Marianne ressemblait _____ sa sœur.

3. Est-ce que vous vous _____ rendez compte? C'est de l'injustice!

4. Les invités ont fini _____ comprendre la situation et sont vite partis.

5. Picasso est le peintre _____ plus célèbre du vingtième siècle.

6. Les membres du syndicat n'ont pas _____ tout accepté l'idée du patron.

7. J'ai quelque chose d'important _____ vous annoncer.

8. L'épicier était plus occupé à régler ses comptes _____ le cordonnier.

9. Jean a moins _____ esprit que les autres.

10. Si vous n'avez pas fini, _____ pis pour vous!

1. Les murs blancs _____ la salle de classe sont ennuyeux.

2. Nous avons lu deux articles intéressants. _____ parles-tu exactement?

3. La Fontaine s'est mis _____ rire.

4. La femme du président est quelqu'un _____ remarquable.

5. C'est aujourd'hui _____ onze février. Cela te dit quelque chose?

6. Si tu n'as pas apporté ta raquette, prends _____ de ma sœur.

7. Vous travaillez de moins _____ moins. C'est évident par vos résultats.

8. Vous vous _____ intéressez? Excellent, prenez ce microscope.

9. Tu as _____ d'argent que moi, mais tu en dépenses trop.

10. Ne vous _____ préoccupez pas!

1. Nous avons _____ autres choses à discuter, jeune homme.

2. Au marché la bonne a acheté _____ belles fraises.

3. _____ de ces articles t'intéresses-tu?

4. La plupart _____ Français prennent des vacances en août.

5. Qu'est-ce _____ s'est passé chez le dentiste?

6. Il n'est pas juste que je rate le cours, je travaille _____ que toi.

7. La villa du président est entourée _____ un mur épais.

8. N'y as-tu pas prêté attention? Je te _____ ai déjà dit!

9. Bien qu'elle montre de l'originalité, votre rédaction n'est pas différente _____ autres.

10. Nous voulons savoir _____ il pleuvra ce soir. Nous espérons voir les feux d'artifice.

1. Après _____ être reposé, j'ai repris mon travail.

2. Marcel fait autant _____ travail que ses camarades.

3. Vous avez tort! _____ est évident!

4. Nous nous sommes dépêchés pour être _____ l'heure au rendez-vous.

5. Je n'aime pas ce vase oriental, apporte- _____ à ma grand-mère.

6. Avec _____ vendeuse as-tu parlé?

7. Le conférencier n'a _____ dit de surprenant à ce sujet.

8. Le petit garçon voulait monter _____ cheval comme un vrai cowboy.

9. Ce n'est pas _____ cidre, c'est du jus de pomme.

10. Papa se demandait _____ les enfants rentreraient avant minuit.

1. Eh bien, oui! _____ il vienne!

2. Quand l'auditoire s'est mis à rire, le conférencier réfléchissait à _____ qu'il venait de dire.

3. _____ de ces photos as-tu prises?

4. Pour lire son horoscope, Jeanine achète n'importe _____ journal.

5. La sorcière a transformé le prince _____ cochon.

6. Ce train fait du 300 kilomètres _____ l'heure.

7. J'aime les poires. Donne- _____ en une, s'il te plaît.

8. Vous _____ pensez qu'à cela.

9. N'y en ajoutez pas! Il y a déjà assez _____ sel dans la soupe.

10. Ce ne sont pas mes livres. Ce sont _____ de Barbara.

1. Qu'est-ce _____ t'énerve, mon vieux?

2. Je voudrais savoir _____ acteur a pris le rôle de Godot.

3. Jacques a montré son dessin à tout le monde, tant il _____ était fier.

4. Quand l'inspecteur a posé la question, Jean ne voulait pas _____ répondre.

5. Avec _____ est-ce qu'on fait du pain d'épices?

6. Parmi ses peintures il y en a quelques-unes _____ superbes.

7. Le mauvais élève n'a écrit _____ rédaction pour le cours.

8. Nous avons lu _____ expliqué ce poème.

9. La princesse a manqué _____ sa parole et le chevalier est parti.

10. _____ jolies photos! Tu as pris de belles vues.

1. Paul n'est pas arrivé _____ réparer sa voiture.

2. Ni Roger ni Robert _____ a préparé ses devoirs.

3. Si tu rates ce train-là, tu pourras prendre _____ de 11 heures.

4. Yvon aime tant la moutarde qu'il _____ achète trois pots.

5. Adolphe _____ est cassé la jambe en faisant du ski.

6. Je connais bien le restaurant _____ le critique a parlé.

7. _____ que vous dites manque d'intérêt.

8. Julie ne manque _____ rien.

9. Charles parle incessamment des pièces de théâtre _____ il a assisté.

10. Les directeurs s'y réunissent tous les mois pour discuter _____ l'organisation du travail.

1. De _____ les pilotes, c'est Martin le plus audacieux.

2. Bien _____ auteurs s'intéressent à la politique.

3. Face à l'inspecteur de police, le cambrioleur parlait _____ manière hésitante.

4. _____ avez-vous assez de cette situation désagréable?

5. La situation que tu expliques est pareille _____ la mienne.

6. On n'a reçu aucun mot d'Antoine _____ son départ.

7. De _____ Jean-Marc est-il le frère?

8. Avant de répondre à la question, réfléchissez-_____.

9. Pour dessiner, Estelle ne se sert que _____ un crayon.

10. La femme _____ joues roses est entrée dans le compartiment.

1. Le professeur a répété les directions _____ peur que les élèves n'aient pas compris.

2. Le directeur monopolisait _____ la conversation que les autres ne pouvaient pas y ajouter un mot.

3. De tels sujets n'intéressent _____ peu de gens.

4. Le chef s'est coupé à la main _____ préparant le poulet.

5. Je préfère les poèmes de Baudelaire à _____ de Verlaine.

6. Et il est tombé par terre? J'aurais voulu _____ voir!

7. Cette boîte fait deux mètres _____ large.

8. La jeune fille _____ cheveux blonds écoutait attentivement.

9. Il y a plusieurs articles dans ce recueil. _____ parles-tu?

10. Vous ne savez même pas de _____ il s'agit!

1. Ces réformes économiques conduiront la nation _____ la ruine!

2. Les coffres du sultan regorgent _____ bijoux.

3. Croyez-vous vraiment que les femmes soient égales _____ hommes?

4. Ce petit garçon âgé _____ sept ans avait l'air plus âgé.

5. C'est _____ partir du XVIIe siècle que la vigne s'est développée.

6. Le premier de la classe n'était pas très fort _____ dessin.

7. La mère se plaignait qu'elle se mettait trop souvent en colère _____ ses enfants.

8. Les petits garçons rêvent du jour _____ ils seront pompiers.

9. Alain a introduit la clé _____ la serrure.

10. Le jeune homme s'est présenté _____ un nouveau poste.

1. Monsieur Dupond ne voyage _____ plus en voiture car il le craint beaucoup.

2. Le vieillard a déjeuné _____ saucisses.

3. La responsabilité de la nation retombait _____ les épaules du roi.

4. En été les prix ont tendance _____ baisser.

5. Les Américains mangent à n'importe _____ heure.

6. L'enfant devra écrire, _____ qu'il sera capable de manier un crayon.

7. Chacun de nos actes met _____ jeu le sens du monde.

8. Dieu n'est pas avec _____ qui sont les plus forts.

9. La capitale s'est développée de siècle _____ siècle.

10. Aucun chien _____ aboyait dans la cour.

1. Pourquoi doit-il faire _____ devoir-ci?

2. Est-il possible _____ aller au Pérou à la nage?

3. Il est possible _____ il sache cela.

4. Quand vous aurez fini, remettez _____ fruits au réfrigérateur.

5. Mettez la farine dans le saladier, _____ cassez les deux œufs et mélangez bien.

6. À qui est _____ anorak?

7. Dans le monde, il y a _____ milliers de personnes qui meurent tous les jours.

8. Les livres _____ sont sur la table m'appartiennent.

9. Non merci, je ne veux pas _____ aspirine; je préfère me reposer pendant quelques minutes.

10. Les tomates les plus belles sont aussi _____ plus chères.

1. Jacqueline est _____ plus belle fille du monde.

2. Voici un film spécial à _____ pas manquer.

3. Quand nous étions étudiants, nous allions _____ pied à l'université.

4. Ma mère préfère la table ronde. Mais moi, je préfère _____-là, la carrée.

5. Le dimanche, ils aiment faire _____ cheval.

6. En hiver, les Savoyards allaient à l'école _____ ski.

7. Et si tu _____ dépêchais un peu plus?

8. On doit mille francs _____ la banque.

9. J'aime tout _____ les huîtres.

10. En classe, nous parlons souvent _____ problèmes économiques.

1. Mes élèves écrivent toujours _____ un stylo noir.

2. Le chat a sauté au plancher _____ haut du réfrigérateur.

3. Philippe est obsédé _____ l'astrologie et l'avenir.

4. Cette lettre est écrite _____ chinois.

5. _____ enfant-là s'exprime très bien.

6. Tous _____ dimanches, ils écrivaient à leur grand-mère.

7. Le professeur nous a donné _____ de travail que nous nous sommes rebellés.

8. Non, mon chien ne mange pas _____ légumes.

9. Québec est une vieille ville _____ Canada français.

10. Quel jour rentrerez-vous _____ vacances?

UNIT 4

GRAMMAR: VERB SENTENCES

NOTE: This section no longer appears on the Advanced Placement Examination in French. These exercises are offered as preparation for the following unit, which deals with verbs in context.

Directions: In each of the following sentences, a verb form has been omitted and replaced by a line. Complete each sentence by writing on the line the correct form of the verb, based on the context provided by the sentence. The infinitive form of the verb to be used is shown in parentheses below each line. Be sure to read the whole sentence before writing your answer. Check your spelling carefully; accents and agreement must be correct for the answer to be considered correct.

Examples:

Il se peut que je _____*vienne*_____ à ta soirée demain.
                          (venir)

Hier, il ____*a reçu*____ un coup de téléphone et il est parti.
              (recevoir)

---

1. Un jour, j'espère _____ pourquoi les hommes font la guerre.
   (comprendre)

2. Quoiqu'on _____ , Julie me semble être toujours de bonne humeur.
   (dire)

3. _____ prendre place, cher monsieur.
   (vouloir)

4. Je ne peux pas t'accompagner, ma mère s'attend à ce que je _____ la lessive
   (faire)

   pendant le week-end.

5. Après _____ le journal, papa a mis la radio pour écouter les nouvelles.
   (lire)

6. Bien que ma grand-mère _____ vieille maintenant, elle était très active quand
   (être)

   elle était jeune.

7. Après _____ , les soldats du prince se sont battus contre l'ennemi.
   (se reposer)

8. Les rébellions _____ souvent des discussions politiques.
   (naître)

9. Aussitôt que ce malade _____ l'hôpital, il sera content.
   (quitter)

10. Si Paul _____ les billets, nous serions partis pour la Martinique.
    (acheter)

1. Le serveur m'a remercié de lui _____ un gros pourboire.
   (donner)

2. D'habitude, ce sont les conservateurs de ce musée qui _____ les énigmes d'un
   (résoudre)

   tel genre.

3. Prends un programme et _____ au premier rang.
   (se mettre)

4. Il vaut mieux que tu _____ l'autobus si tu veux arriver à l'heure.
   (prendre)

5. Lorsque je suis rentré, Estelle m'a demandé si j' _____ les provisions.
   (oublier)

6. _____ de sa petite fille, Mme Durand est partie pour le parc.
   (Accompagner)

7. Faites attention, je ne veux pas que cette robe _____ .
   (rétrécir)

8. Vous attendez-vous à ce que je _____ à ces histoires?
   (croire)

9. Dans cent ans, nos voisins _____ .
   (mourir)

10. Je ne savais pas quels livres _____ .
    (prendre)

1. Après _____ la falaise, Yves s'est dirigé vers le sommet de la montagne.
    (escalader)

2. En 1945, notre armée _____ la résistance.
    (vaincre)

3. Généralement, on ne _____ pas aux actions judiciaires.
    (s'intéresser)

4. Si tu sors sous cette pluie, _____ ce parapluie.
    (prendre)

5. Félicité a dit qu'elle _____ à trois heures.
    (finir)

6. J'écouterai les autres _____ le poème d'Éluard.
    (réciter)

7. _____ de grands paquets, Véronique avait du mal à marcher le long de la rue.
    (Porter)

8. Quand vous irez à la galerie, cherchez un tableau qui _____ à vos parents.
    (plaire)

9. Il y avait à Chartres un moine qui _____ lire.
    (savoir)

10. Le pneu crevé _____ Éric, il a vite arrêté la voiture.
    (surprendre)

1. _____ le cafard, Cécile ne voulait rien faire.
   (Avoir)

2. À moins qu'il _____ te présenter à son bureau, n'y va pas!
   (falloir)

3. Au restaurant, André préfère de la viande tandis que son ami _____ du poisson.
   (vouloir)

4. Robert restera derrière le comptoir jusqu'au moment où tous les clients _____ .
   (partir)

5. J'aime aller à la montagne pourvu qu'il y _____ de la neige.
   (avoir)

6. À mesure que tu _____ , ton vocabulaire s'élargit.
   (lire)

7. Maurice prend des médicaments afin de mieux _____ .
   (respirer)

8. Hier Brigitte _____ tomber dans le lac.
   (faillir)

9. Mes pieds me _____ mal.
   (faire)

10. Nathalie? Oui, je l'entends _____ .
    (pleurer)

1. Tenez-vous droit et _____ après moi.
   (répéter)

2. Depuis l'ouverture de Chez Dédé il y a trois semaines, le boutiquier _____ une
   (se créer)

   clientèle fidèle.

3. Il y a six ans que M. Trélat _____ dans cette école.
   (enseigner)

4. Pascale chantait depuis quatre ans quand elle _____ qu'elle avait une maladie
   (s'apercevoir)

   contagieuse.

5. Si tu viens aux États-Unis, _____-moi des chocolats.
   (apporter)

6. Il faut absolument que Richard _____ des notes aujourd'hui.
   (prendre)

7. Dans cinq ans _____-tu de notre professeur de pédagogie?
   (se souvenir)

8. Va, je ne te _____ point.
   (haïr)

9. Un jour, une colère sourde _____ dans son cœur.
   (fermenter)

10. Les canards barbottaient déjà dans l'eau glauque de l'étang quand les cygnes

    _____ .
    (arriver)

1. Ah non, mon vieux, _____ que je ne manque jamais à ma parole.
    (savoir)

2. Bien que nous _____ l'amende, il faudra nous présenter au bureau.
    (payer)

3. Qu'est-ce que vous faites quand vous _____ ?
    (s'ennuyer)

4. Comment _____-vous en Australie la semaine prochaine?
    (aller)

5. Papa m'a défendu d'_____ au cinéma avec eux.
    (aller)

6. Lorsque tu _____ grand, tu pourras faire ce que tu voudras.
    (être)

7. Mon chat me réveille tous les matins en _____ sur mon lit.
    (sauter)

8. Nous voulons visiter le pays où _____ la vigne et l'olivier.
    (croître)

9. Réveille-toi, tu _____ encore être en retard.
    (aller)

10. _____ agréer, Madame, l'expression de mes sentiments les meilleurs.
    (Vouloir)

1. Cette femme parle comme si elle _____ tout.
   (savoir)

2. Je doute que cela _____ la peine.
   (valoir)

3. Il est possible qu'ils _____ tous malades aujourd'hui.
   (être)

4. Le professeur _____ à la question quand la cloche a sonné.
   (répondre)

5. Aussitôt que je _____ , tu prendras la relève.
   (finir)

6. Vous êtes parti sans que je le _____ . Ce n'est pas bien.
   (savoir)

7. Le bateau était au port quand les inspecteurs de la marine _____ .
   (arriver)

8. L'instituteur a distribué des morceaux de verre fumé aux élèves afin qu'ils _____
   (voir)

   l'éclipse.

9. Si on s'était un peu reposé, on _____ mieux s'amuser.
   (pouvoir)

10. Demain, sa cousine lui _____ de partir à l'heure.
    (dire)

1. Dès que les Martin _____ le président, celui-ci remettra la croix d'honneur au
   (accueillir)

   héros.

2. Ne fais pas de telles bêtises à moins que tu ne _____ être puni.
   (vouloir)

3. Il est indispensable que ces deux étudiants _____ ce concept grammatical.
   (acquérir)

4. Il est possible que votre chien _____ de l'asthme.
   (guérir)

5. Si le chirurgien _____ maintenant, il serait fou.
   (opérer)

6. Aussitôt que le navire sera arrivé en pleine mer, il _____ ses voiles.
   (déployer)

7. Je ferai mes devoirs quand je _____ .
   (se réveiller)

8. Il est curieux que ce témoin _____ la vérité.
   (dire)

9. Que Dieu _____ tous les hommes vivant sur cette terre.
   (protéger)

10. _____ par la bonne odeur venant de la cuisine, l'enfant sortit de sa cachette.
    (Allécher)

1. Il n'est pas évident qu'Albert _____ toute la journée. Regarde son travail.
   (dormir)

2. Marc a grandi, je doute qu'il _____ le noir maintenant.
   (craindre)

3. Pourquoi _____-nous cela maintenant?
   (manger)

4. Quand Sylvie était jeune, elle _____ toujours ses promesses.
   (tenir)

5. Les espions _____ fréquemment leur patrie pendant la guerre de cent ans.
   (trahir)

6. Àh, ces filles ne _____ de bavarder.
   (cesser)

7. Il vaut mieux que je _____ un instant.
   (s'asseoir)

8. Une telle entreprise ne _____ pas la peine.
   (valoir)

9. Que ferons-nous samedi s'il _____ ?
   (pleuvoir)

10. J'espère que tu _____ à l'examen final en juin.
    (réussir)

1. Si tu as de l'argent, _____ en Europe!
   (partir)

2. Ce n'est pas mon travail, je ne _____ jamais les boutons de mes vêtements.
   (coudre)

3. Nous _____ l'animal quand le propriétaire est revenu.
   (calmer)

4. Tous les jours, le gaillard _____ l'argent des plus petits quand, enfin, le directeur
   (prendre)

   est intervenu.

5. Les paysans ont renoncé à leur indépendance en _____ au tyran.
   (se soumettre)

6. Le père l'aidera pourvu qu'il _____ à l'université.
   (aller)

7. Nul homme ne _____ le faire correctement.
   (savoir)

8. J'ai vraiment peur! Les yeux me _____ .
   (cuire)

9. Comment le prof _____-t-il corriger tous ces devoirs pour demain?
   (pouvoir)

10. Cet élève n'effacera pas le tableau à moins que vous ne lui _____ de le faire.
    (dire)

1. S'il vous plaît, _____ -le sur la table, je n'en ai pas besoin pour le moment.
   (placer)

2. Papa souhaite que nous _____ l'amende sur place.
   (payer)

3. Nous venions d'_____ une dispute quand grand-mère est entrée avec son berger
   (avoir)

   allemand.

4. Lorsque nous _____ de l'avion, les moteurs étaient déjà arrêtés.
   (descendre)

5. S'il _____ nous serions mouillés.
   (pleuvoir)

6. Tu le vois, cet enfant _____ parce qu'il est malade.
   (pleurer)

7. Moi, je _____ partir tout de suite, s'il vous plaît.
   (vouloir)

8. Julie avait dix-huit ans et elle _____ nos idées.
   (partager)

9. Dès que nous aurons fini, tu _____ la relève.
   (prendre)

10. Si on _____ un peu, on aurait pu admirer le château.
    (se promener)

1. Le papillon _____ pendant que l'abeille travaillait.
   (voltiger)

2. S'il _____ nous irions faire du ski.
   (neiger)

3. C'est le roman le plus intéressant que nous _____ l'an dernier.
   (lire)

4. S'il te plaît, enlève les chaussettes que tu _____ .
   (mettre)

5. Il faudra que tu _____ avant midi, autrement tu encourras des sanctions.
   (venir)

6. Annette voulait reprendre les fleurs qu'elle _____ sur la table.
   (poser)

7. Christine a vu les garçons _____ dans la cour.
   (jouer)

8. Après _____ , Monique s'est mise à rire.
   (tomber)

9. Depuis longtemps, personne n'_____ à Mme Aubain sa servante.
   (envier)

10. Attendons-le! Michel m'a dit qu'il _____ à l'heure.
    (venir)

1. Mon patron est tombé en _____ l'escalier.
   (monter)

2. Si Thérèse _____ de ses oignons, elle n'en aurait rien su.
   (s'occuper)

3. Danielle lisait un roman policier où le détective _____ comprendre les motifs du
   (vouloir)

   criminel.

4. Marguerite a pu entrer dans la maison, bien qu'elle _____ la porte fermée.
   (trouver)

5. Il faut que mon père _____ mieux.
   (écrire)

6. Voltaire a passé quelque temps à Genève, puis _____ en Angleterre.
   (s'en aller)

7. J'espère que tu _____ bien m'aider après ton travail.
   (vouloir)

8. La candidate vient d'être _____ présidente de la République.
   (élire)

9. L'été dernier, nous _____ dans ce lac-là tous les jours.
   (nager)

10. _____ à nous quand vous aurez le temps.
    (Se joindre)

1. Hier soir, Suzanne _____ compte qu'elle avait de la chance.
        (se rendre)

2. S'il _____ , nous n'aurons rien à faire.
        (pleuvoir)

3. Charlotte a indiqué qu'elle voulait que Jean-Luc _____ à sa fête.
                                                          (venir)

4. Écrivez clairement de sorte qu'on vous _____ .
                                                (comprendre)

5. À cette époque-là, les blés _____ sous la brise du soir.
                                      (ondoyer)

6. Ah! si j'avais l'intelligence de Socrate, j'en _____ des choses!
                                                       (faire)

7. On _____ beaucoup quand on était enfant.
          (voyager)

8. _____ la table et mets le couvert.
        (Essuyer)

9. Les roses que nous _____ , nous les avons disposées dans les vases.
                          (cueillir)

10. Elle était partie avant que son frère ne _____ .
                                                 (revenir)

1. Ces perles _____ dix-huit francs.
   (valoir)

2. Lorsqu'ils étaient jeunes, les jumeaux _____ la mer.
   (craindre)

3. La vie qu'elle _____ après la mort de son père n'était pas saine.
   (se créer)

4. C'est la seule personne qui _____ parler français.
   (savoir)

5. Hier soir, Madeleine _____ de la dentelle à sa robe.
   (coudre)

6. Tu as dételé les chevaux et tu les _____ à l'abreuvoir.
   (conduire)

7. Prends mes jumelles afin de _____ mieux voir.
   (pouvoir)

8. Tout effort _____ lorsque le flot vous porte.
   (suffire)

9. Quand l'ambassadeur est arrivé, l'huissier l'_____ dans le bureau du ministre.
   (introduire)

10. À la fin d'une journée de travail, les auteurs en _____ marre de corriger leurs
    (avoir)
    erreurs.

UNIT 5

GRAMMAR: VERB PARAGRAPHS

> <u>Directions:</u> In the following passages, several verb forms have been omitted and replaced by lines. Complete each passage by writing on the lines the correct form of each verb, based on the context provided by the passage. The infinitive form of the verb to be used is given in parentheses below each line. Check your spelling carefully; accents and agreement must be correct for the answer to be considered correct. In some cases, a pronoun or negation has been provided and should be written correctly with the verb form.

--------------------------------------- **NUMÉRO 1** ---------------------------------------
À l'école

«Monsieur Dumas, vous _____ puni! Ce soir, vous _____ à
               1. (être)   2. (rester)

l'étude jusqu'à six heures. Et il y a de grandes chances pour que je _____ vous rendre
                                                  3. (venir)

visite. Ne _____ pas en retard et ayez soin d'avoir votre livre de mathématiques avec
             4. (être)

vous.»

    Pierre Dumas _____ furieux. Pourquoi fallait-il qu'il _____ tou-
               5. (être)   6. (recevoir)

jours des punitions? «Pourquoi moi!» se disait-il tout en se _____ vers sa classe d'anglais.
                                            7. (diriger)

Puis, d'un coup, il _____ . Une idée lui _____ . Partir, voyager, voir
               8. (s'arrêter)   9. (venir)

du pays… Oui! ça, c'était une bonne idée! Mais qui _____ de son chien?
                                      10. (s'occuper)

--------------------------------------- **NUMÉRO 2** ---------------------------------------
La Chatte

    Mes parents _____ une chatte. Ils l'ont nommée Alice. Ils _____
               1. (acheter)   2. (me l'offrir)

pour Noël. J'_____ heureux. J'_____ beaucoup cette chatte parce
        3. (en être)   4. (aimer)

qu'elle était drôle. Je _____ avec elle dès que j'avais un moment de libre. Un jour,
               5. (jouer)

Alice _____ malade. Mon frère lui avait donné du chocolat qu'elle aimait beaucoup,
        6. (tomber)

mais cela _____ malade. J'en étais désolé. Il faut que mon frère _____
        7. (la rendre)   8. (être)

vraiment bête! Mais, à partir de maintenant, il ne _____ plus jamais à manger à ma
                                9. (donner)

chatte. Elle est à moi, elle m'_____ .
              10. (appartenir)

La Chance

Avant-hier soir, _____ d'une lettre de présentation de la part du maire de son village,
         1. (munir)

Françoise _____ avenue Pasteur, chez Maître Roland, avocat au barreau de Lyon. Il
        2. (se rendre)

_____ cordialement. Après lui _____ part du but de sa visite, Fran-
3. (l'accueillir)   4. (faire)

çoise _____ sur le point de partir lorsque, tout à coup, l'avocat _____
   5. (être)   6. (se retourner)

vers elle: «Au fait! demain, c'est le premier mai. Pourquoi ne _____-vous pas me
                                                   7. (venir)

rejoindre à mon bureau? Je me _____ un plaisir de vous montrer ce que vous
                        8. (faire)

_____ . Je crois que cela en _____ la peine!» Françoise est sortie ne se
9. (chercher)   10. (valoir)

sentant plus de joie.

Les Pensées de Marcel

Les gendarmes, pense Marcel, sont très importants. Ils _____ là pour nous protéger.
                                                          1. (être)

Autrefois, ils _____ beaucoup, et puis un jour la voiture _____
            2. (marcher)   3. (être)

inventée, et maintenant, ils _____ . Avant on pouvait aller vite sans avoir peur qu'ils
                       4. (rouler)

nous _____ en prison. Maintenant, si on dépasse la vitesse limite, aïe, aïe, aïe. Il
      5. (jeter)

faut _____ une amende tout de suite. Malgré tout, il vaut mieux que ce
      6. (payer)

_____ les gendarmes qui affrontent les voleurs que moi, parce que, si personne n'était là
   7. (être)

pour nous protéger de la corruption, que _____ notre communauté? Moi, je n'ai qu'une
                                     8. (devenir)

chose contre eux; ils ne _____ pas rire. Alors, quand ils _____ à
                    9. (savoir)   10. (apprendre)

sourire, je les apprécierai.

La Tristesse

Aujourd'hui, Marie _____ triste, parce que ce matin, en _____
1. (être)   2. (conduire)

au village, elle a renversé un homme qui _____ la rue. Si elle _____
3. (traverser)   4. (le voir)

plus tôt, elle se serait arrêtée avant de le renverser. Mais elle était en train d'_____ les
5. (admirer)

oiseaux qui _____ en direction de la mer. Marie _____ toujours de
6. (voler)   7. (se souvenir)

cette tragédie. L'homme a eu une jambe cassée et Marie _____ travailler tout l'été pour
8. (devoir)

l'aider, lui et sa famille.

Alors, _____ prudents et faites attention quand vous conduisez: des vies
9. (être)

_____ se compliquer.
10. (pouvoir)

Les Japonaises

Pour une occidentale, la Japonaise _____ non seulement les couleurs chatoyantes du
1. (offrir)

kimono, mais aussi la beauté mystérieuse. Malheureusement, tout ceci n'est qu'un masque. Bien qu'il y

_____ beaucoup de rumeurs quant aux Japonaises sortant de leur rôle traditionnel, rares
2. (avoir)

sont celles qui _____ le même rang dans les affaires que l'homme. Les Japonaises ont un
3. (atteindre)

long chemin à _____ . Refusées depuis toujours par l'homme, beaucoup d'entre elles
4. (parcourir)

_____ la bataille trop difficile et l'ont abandonnée. Pendant des siècles, la société japonaise
5. (trouver)

avait des rôles strictement _____ pour les deux sexes. Il est donc difficile de les
6. (définir)

_____ rapidement. Demain l'épouse japonaise ne _____ jamais
7. (détruire)   8. (être)

l'épouse oppressée. La femme mariée commande, dirige et _____ sa maison. Il est rare que
9. (maintenir)

l'homme _____ à l'éducation des enfants. Quand il _____ sa retraite,
10. (aider)   11. (atteindre)

peut-être trouvera-t-il le temps de s'occuper de ses petits enfants. N'enviez surtout pas la Japonaise qui a

réussi. Au contraire, _____ d'avoir surmonté le monde de l'homme.
12. (la féliciter)

La Banque

Bien que notre banque n'_____ pas encore cent ans, elle _____
                              1. (avoir)   2. (prétendre)

être la plus vieille banque privée de la contrée.

En ce temps-là, un homme jeune et vif de caractère _____ la grande maison au coin
                                                                          3. (habiter)

de la rue principale. Là, avec l'aide de sa charmante femme, il _____ le métier de drapier.
                                                                          4. (exercer)

Au fond de son magasin il _____ des tonneaux, car il possédait comme tout le monde une
                               5. (entasser)

vigne. Et c'est là que tout _____ un mercredi.
                                 6. (commencer)

Les paysans venaient chaque semaine pour vendre leur volaille et leurs légumes frais au marché. Puis ils

rendaient visite à M. Richard «au coin du tonneau» et là, ils _____ des dangers de la route
                                                                     7. (se plaindre)

sur le chemin du retour. Souvent, ils _____ rester pour bavarder plus longtemps, mais le
                                            8. (aimer)

danger _____ plus grand la nuit, ils _____ rapidement. Une idée
          9. (être)   10. (s'en aller)

_____ dans l'esprit entreprenant de M. Richard. S'il offrait de prendre en charge leur
   11. (jaillir)

argent, les paysans _____ le retirer comme ils le voulaient. Les paysans ont finalement
                         12. (pouvoir)

accepté son offre. Ainsi, à partir d'un service rendu est née une banque privée.

La Grèce

Il y a six ans, mes parents et moi _____ 1. (aller) _____ en Grèce. Après _____ 2. (voyager)
en voiture et en bateau, nous sommes arrivés à destination. La maison était humide et
_____ 3. (habiter) par d'énormes araignées jaunes. Mais, la vue sur la baie de Corinthe
_____ 4. (être) splendide.

Il fallait que j' _____ 5. (explorer) tout. Je voulais tout voir, et surtout _____ 6. (vérifier)
si mes livres d'histoire _____ 7. (dire) la vérité. Très vite, je _____ 8. (se rendre) compte
qu'il fallait que j' _____ 9. (étudier) mes cartes et que je _____ 10. (faire) des projets pour
les jours qui _____ 11. (suivre) .

— _____ 12. (aller) à la plage, me dit ma mère.

Devant mes cartes et mon incompréhension de la langue, je _____ 13. (se prendre) à soupirer. Ah!
si j'avais su, je _____ 14. (suivre) un cours à l'université. Trop tard! _____ 15. (ne pas se lamenter) , me
dis-je. _____ 16. (vivre) l'aventure!

L'Artiste

Il venait toujours quand il y avait du brouillard. Il _____ 1. (porter) une vieille veste au col
relevé et une casquette enfoncée sur les oreilles. On _____ 2. (dire) un clochard, ou, suivant la
luminosité extérieure, un maraudeur assez louche.

Un jour, le temps _____ 3. (être) particulièrement maussade, il _____ 4. (apporter)
une chaise pliante et s'est assis à l'abri d'un magnifique châtaigner. Il _____ 5. (se mettre) à con-
templer le paysage. Sans bouger, les yeux fixés, il était là, _____ 6. (perdre) dans ses pensées.

Deux lapins, fidèles au rendez-vous, attendaient patiemment pour qu'il leur _____ 7. (faire)
un signe. Rien. C'était l'immobilité complète. «Ah! si seulement j'étais dans sa tête, se disait un des lapins, je
_____ 8. (savoir) ce qu'il pense.

— _____ 9. (ne pas parler) si fort, tu vas le déranger, dit l'autre». Soudain, un rayon de soleil perça le
brouillard et tomba sur les genoux de l'artiste. Ses yeux _____ 10. (s'ouvrir) , ses lèvres tremblèrent et
il sauta de sa chaise en _____ 11. (pousser) un cri de joie.

Marc

Marc déteste l'école. L'année dernière c'_____ encore facile, mais maintenant, il faut
1. (être)

travailler et pour lui, c'est stupide.

Marc a perdu son sourire, car il _____ compte de l'importance de ses études. Un peu
2. (se rendre)

tard, _____-vous?
3. (me dire)

Quand il _____ le lycée, Marc sera très content. Mais, pour le moment, il
4. (finir)

_____ travailler. D'un seul coup, la vie s'est ouverte devant lui. Les jeunes filles ne sont
5. (devoir)

plus idiotes, puisque l'une d'entre elles _____ ses idées et ses clowneries. Il faut
6. (accepter)

_____ le temps afin que Marc _____ de cette nouveauté. Ah! si seule-
7. (arrêter)   8. (jouir)

ment cette sensation indéfinissable de contentement _____ deux ans auparavant! Ar-
9. (venir)

rêtez, arrêtez! _____ son âme et son corps. La réalité est là. Marc est furieux. Mais, est-ce
10. (crier)

vraiment la faute de l'école?

La Photographie

La photographie _____ une méthode de communication universelle. Les photo-
1. (être)

graphes ont permis de découvrir le passé. Donc les photographies _____ très utiles pour
2. (devenir)

notre recherche du temps passé.

La photographie est un art et _____ être considérée comme tel. Quand les peuples
3. (devoir)

_____ à étudier et à apprécier cet art, la photographie _____ sa vraie
4. (apprendre)   5. (trouver)

place dans les musées.

Faisons un effort! Le septième art _____ au cinéma. Pourquoi ne pas
6. (appartenir)

_____ le huitième art avec la photo? Oui, pourquoi pas! Si tout le monde pouvait observer
7. (former)

minutieusement les photos, peut-être _____-nous mieux les peuples. Il est important que
8. (comprendre)

les gens _____ le talent et la créativité du photographe. Comme le peintre, le photo-
9. (découvrir)

graphe _____ un artiste.
10. (être)

Le Dauphin

Le petit dauphin était malade et toute la cour _____ qu'il allait bientôt mourir. La
1. (savoir)

veille, le roi _____ tout seul dans sa chambre pour qu'on _____
2. (s'enfermer)   3. (ne pas le voir)

_____ .
4. (pleurer)

De son lit, le dauphin _____ la reine qui pleurait et il lui a dit:
5. (regarder)

«Qu'est-ce que vous _____ ? Ne pleurez pas, ma mère. Les dauphins ne
6. (faire)

_____ pas.» Il ne voulait pas que la mort _____ le prendre. «Que l'on
7. (mourir)   8. (venir)

_____ venir des soldats pour monter la garde autour de mon lit.»
9. (faire)

Et quarante soldats _____ se ranger autour de la chambre.
10. (venir)

Un Rêve

Hier soir, j'ai rêvé que je _____ devant le roi Philippe d'Espagne. Dès que je suis
1. (se trouver)

entré dans le hall, un garde _____ de moi et m'a parlé d'une voix rauque:
2. (s'approcher)

— _____ ! et attendez que le roi vous adresse la parole.
3. (s'agenouiller)

Je _____ cent lieues pour plaider mon cas devant le roi et je n'allais pas me soumet-
4. (voyager)

tre aux volontés d'un simple garde. Mais en _____ le sabre qu'il _____
5. (voir)   6. (tenir)

à la main, j'ai vite changé d'idée et je _____ à genoux.
7. (se mettre)

Après _____ , j'attendais que le roi m'adresse la parole. Enfin, il m'a demandé
8. (se courber)

pourquoi j'avais fait le voyage au palais. Bien que je _____ d'une voix claire, je ne crois
9. (s'exprimer)

pas qu'il m'ait écouté. Après une heure, je sentais la futilité de ma présence: j'avais parlé pour rien et j'avais

peur de la mort. Aussitôt que le roi _____ claquer ses doigts, un serviteur accourra, me
10. (faire)

saisira et me tuera, étais-je en train de penser quand je me suis réveillé en sursaut.

Une Recette

Il pleuvait l'autre jour et maman a annoncé que nous _____ faire un gâteau. Je
1. (aller)

savais bien comment en faire un, parce que je _____ des yeux les actions de maman
2. (suivre)

maintes fois auparavant. Je _____ le réfrigérateur et j'ai pris des œufs. Lorsque maman
3. (ouvrir)

m'a crié de ne pas oublier le beurre, j'ai laissé tomber les œufs par terre. Maman a dit que ce n'était pas grave,

parce que l'on ne _____ pas d'omelette sans casser d'œufs. Puis, elle m'a dit de bien
4. (faire)

_____ le moule avec du beurre, parce que cela éliminait le risque de faire brûler le gâteau.
5. (frotter)

Pendant son discours sur l'art de cuisiner, Maman préparait les autres ingrédients. Elle n'y a pas mis de

chocolat comme je voulais. Moi, si j'étais allé au supermarché, j'en _____ . Puis, elle m'a
6. (acheter)

dit qu'il fallait _____ le gâteau dans le four pendant cinquante minutes. «Dès que la
7. (mettre)

minuterie _____ , tu auras un joli petit gâteau», m'a-t-elle expliqué.
8. (sonner)

«_____ avec une aiguille pour vérifier que le gâteau est bien cuit», m'a-t-elle averti.
9. (le pîquer)

Ensuite on a fait la vaisselle. Après _____ la cuisine, nous avons oublié le gâteau dans le
10. (nettoyer)

four et il a brûlé.

Le Pneu crevé

Il faisait chaud, et Michel et Paul voulaient se bronzer sous le soleil d'été. Les deux jeunes gens roulaient

bien vite en route vers la plage. Soudain, Michel _____ le *ploc ploc* d'un pneu crevé.
                                                    1. (entendre)

Les deux hommes _____ de la voiture pour voir s'il y _____ un.
                 2. (descendre)   3. (en avoir)

«Zut, alors! a dit Michel. Si j'avais verifié les pneus, nous _____ là!» Mais, il n'avait
                                                               4. (ne pas en être)

pas pris de telles précautions, et ils se trouvaient en panne, situation qu'il aurait pu éviter. Alors, il s'est

demandé ce que son père _____ . Il se souvenait des paroles paternelles: «Au cas où tu
                         5. (faire)

_____ en panne sur la route, attache un mouchoir à l'antenne.»
6. (tomber)

Pendant les rêveries de son camarade, Paul a pris la clé et il a ouvert le coffre afin de

_____ le cric et le pneu de rechange. Mais ils n'ont pas pu le réparer rapidement, parce
7. (prendre)

que le cric manquait. Ils ont dû se débrouiller.

Enfin, un automobiliste qui ressemblait beaucoup au père de Michel s'est arrêté et leur a prêté son cric.

Après _____ de pneu, ils ont remercié le bon samaritain et ils ont repris la route vers la
       8. (changer)

plage. Depuis cet incident, Michel _____ toujours qu'il a un cric. Et il sait d'ailleurs qu'il
                                    9. (s'assurer)

_____ toujours vérifier les pneus avant de se mettre en route.
10. (falloir)

Au concert

Cela faisait longtemps que Mme Angsbach _____ à un concert de musique classique.
    1. (ne pas assister)

Mais enfin, l'autre jour, son amie, Mme d'Italien, lui a téléphoné en disant qu'elle _____
                                                                                    2. (réserver)

des places pour un concert spécial samedi. Elles _____ à un concert de l'Orchestre phil-
                                                    3. (aller)

harmonique pour écouter un programme de Beethoven. Après _____ au balcon, elles
                                                            4. (monter)

ont pris leurs sièges au deuxième rang. Mme Angsbach lisait son programme avec une joie d'enfant.

« _____ l'*Héroïque*, cette troisième symphonie de Beethoven...» Une note dans le
    5. (appeler)

programme priait les membres de l'auditoire d'enlever leur montre-réveil, s'ils en _____
                                                                                    6. (porter)

une. La vieille dame attendait avec impatience le commencement du concert. Puis, les lumières

_____ et, en _____ son arrivée sur la scène, l'auditoire a accueilli le
    7. (s'éteindre)   8. (applaudir)

chef d'orchestre. Mme Angsbach écoutait les airs de Beethoven avec une concentration totale. En

_____ le doux rythme de son pied, elle _____ s'endormir. Elle était si
    9. (taper)   10. (faillir)

contente d'être _____ à partager un tel concert. Mme Angsbach avait eu peur que sa
                    11. (inviter)

compagne ne _____ compte de son sommeil.
                12. (se rendre)

Chez le médecin

Chaque année, Georges doit aller chez le médecin bien qu'il ne montre les symptômes d'aucune maladie.

— Écoute, maman, a-t-il crié. Si je me cassais le bras, j'_____ volontiers chez le

1. (aller)

Dr Roget.

— Mais, mon petit, a-t-elle repris, je ne veux pas que tu _____ malade.

2. (devenir)

— Et je ne veux pas que le médecin me fasse une piqûre sans raison! Tu sais ce qu'il va me dire? «Prends

ces cachets. _____ une infusion. Si tu veux te guérir, il faudra que tu

3. (se préparer)

_____ au lit!» C'est un charlatan! Et si je lui dis que je vais bien, il me dira: «Si tu

4. (se mettre)

_____ bien, tu ne serais pas chez le médecin maintenant!»

5. (se sentir)

— Écoute, Georges. Le Dr Roget n'est pas un charlatan. Il t'a donné des médicaments quand tu étais

malade il y a trois ans. Tu iras chez lui pour une consultation et tu prendras les médicaments qu'il te

_____ .

6. (prescrire)

— Bon! Aussitôt qu'il m'aura donné une ordonnance, j'_____ tout de suite à la

7. (aller)

pharmacie.

Finalement, Georges est allé chez le Dr Roget et il est rentré à la maison.

— Ce n'était pas si mal, hein?

— Ah, maman. Après _____ visite au médecin, je me suis senti mieux: j'ai pris un

8. (rendre)

bonbon en _____ de son cabinet. Je suis heureux qu'il en _____ avec

9. (sortir)   10. (finir)

mon examen.

Le Petit déjeuner

Cela faisait déjà une heure que Cécile, seule et frustrée, _____ son petit déjeuner au
1. (attendre)

lit. C'était seulement quand sa petite fille Madeleine lui a téléphoné pour lui rappeler leur rendez-vous que la

vieille dame _____ compte que sa bonne _____ le jeudi. Cécile s'est
2. (se rendre) _3. (ne pas venir)_

vite habillée et s'est rendue au Café du Cheval Blanc où Madeleine l'_____ depuis presque
4. (attendre)

deux heures.

— Te voilà enfin, grand-mère.

— J'ai failli ne pas me présenter, comme tu le sais. Oh là là! je ne sais plus où est ma mémoire ces jours-ci.

J'avais pourtant inscrit ce rendez-vous dans mon agenda.

Aussitôt que le serveur est arrivé à la table, Cécile, nerveuse, _____ deux cafés
5. (commander)

complets et du pain en plus.

— _____ du café tout de suite! a-t-elle insisté. Elle donnait l'impression de ne pas
6. (me apporter)

avoir mangé depuis longtemps.

Elle a mangé ce petit déjeuner comme si elle _____ une faim de loup. Après
7. (avoir)

_____ , Madeleine a dû partir et Cécile _____ vers une boulangerie
8. (finir) _9. (se diriger)_

pour _____ assez de pain pour le petit déjeuner du lendemain. Mais, la pauvre est entrée
10. (acheter)

chez le fleuriste.

L'Examen

Dans la salle des examens il faisait très chaud. Jeanne _____ à son épreuve depuis

1. (travailler)

deux heures. Elle _____ plusieurs problèmes et elle essayait le dernier exemple quand la

2. (terminer)

cloche _____ . Le professeur a ramassé les copies et _____ dans un

3. (sonner)   4. (les mettre)

classeur.

— Zut! a dit son amie Gisèle. Si j'_____ les faits, les dates et les formules, j'aurais

5. (apprendre)

bien réussi à l'examen.

— Quand je _____ dans ce cours, je serai contente, a répondu Jeanne. Les examens

6. (réussir)

me _____ , mais la chaleur complique le problème.

7. (déconcerter)

Jeanne voulait expliquer au professeur qu'elle _____ bien le sujet, mais qu'elle ne

8. (savoir)

pouvait se souvenir de rien dans une telle chaleur.

Soudain, une grande peur l'a saisie. Après _____ à un certain problème de géométrie,

9. (réfléchir)

elle ne pouvait pas _____ si elle avait bien calculé les angles du polygone. Tant pis! Elle

10. (se rappeler)

ne savait pas non plus la date du couronnement de Charlemagne!

Les Essais

Adam s'était montré l'étudiant le plus créateur de la classe de français. Les autres élèves et le professeur lui _____ et ses idées astucieuses et son art de les exprimer. Cependant, la date limite des
1. (envier)

demandes d'admission aux universités s'approchait rapidement et Adam _____ un seul
2. (ne pas encore écrire)

mot. Bien qu'il _____ qu'il se mette rapidement à ses essais et qu'il en écrive de bons, il
3. (falloir)

n'avait pas la moindre idée par où commencer. Il a offert de l'argent à un collègue pour qu'il

_____ cette besogne pour lui, mais ses camarades ne voulaient écrire que leurs propres
4. (faire)

compositions.

Enfin, en _____ par hasard Adam qui implorait l'aide de ses copains déjà surmenés,
5. (entendre)

un de ses professeurs _____ de l'aider. Adam a accepté l'offre et ils se sont fixé rendez-
6. (offrir)

vous pour une conversation.

Adam s'est présenté pour l'interview et a laissé _____ sa frustration. Il semblait
7. (paraître)

qu'Adam ait perdu toute confiance et qu'il ait eu peur d'aborder ce devoir. Le professeur s'étonnait qu'Adam

n'ait pas eu d'idées parce qu'il savait que cet élève était le plus créateur qu'il _____
8. (connaître)

depuis plusieurs années. Si le professeur pouvait tirer de l'inspiration de la tête de son élève, il lui

_____ un grand service, parce qu'il _____ dans le jeune homme la
9. (rendre)   10. (restaurer)

confiance créatrice qu'il avait souvent montrée au professeur.

Ils ont conversé pendant une heure, et à la fin, Adam a retrouvé son inspiration. Il a dit qu'il pourrait

maintenant écrire un essai personnel qui le _____ d'une manière positive.
11. (dépeindre)

Le lendemain, fier et confident, Adam a montré au prof son essai: «Un Professeur inspirateur».

Au Restaurant

Jean-Philippe dînait à ce restaurant tous les jours depuis la fin de l'été. Il y _____ et
                                                                    1. (aimer)

le service et la cuisine. Chaque jour, il _____ à une table près de la fenêtre et commandait
                                          2. (s'asseoir)

un kir, qu'il buvait tout en regardant _____ les gens dans la rue.
                                        3. (passer)

Mais aujourd'hui, il _____ de kir, il a commandé une pression. Le garçon a su tout de
                      4. (ne pas prendre)

suite qu'il y avait quelque chose de différent dans le comportement de ce client habituel.

En _____ la carte, Jean-Philippe a constaté pour la première fois les prix exorbitants
    5. (ouvrir)

de ce restaurant. Quand le serveur est venu, Jean-Philippe ne savait que commander.

— S'il vous plaît, garçon, _____ d'abord du pain et de l'eau fraîche, a-t-il dit au
                            6. (me apporter)

serveur.

Quand le serveur est revenu avec du pain, Jean-Philippe _____ qu'il ne pouvait plus
                                                          7. (déjà décider)

rien commander. Il ne voulait pourtant pas laisser _____ au garçon qu'il était fauché:
                                                     8. (croire)

— L'addition, s'il vous plaît, monsieur. J'ai décidé que je n'avais plus faim.

Jean-Philippe a laissé de la monnaie sur la table, a pris son manteau et est sorti du restaurant sans

_____ .
9. (manger)

— Si j' _____ assez d'argent, s'est-il dit, j'aurais laissé un gros pourboire.
         10. (avoir)

La Drogue

La drogue est là. Elle _____ dans toutes les crevasses et fentes du bâtiment. Elle
                        1. (s'infiltrer)

_____ et envahit tout sans que personne n'y _____ rien. Jean-Paul
2. (ramper)   3. (pouvoir)

la _____ entrer, mais n'avait jamais pu en être sûr. Il ne pouvait pas croire qu'elle
    4. (voir)

_____ si rapace. Elle rafflait absolument tout sur son passage. Il
5. (être)

_____ s'en rendre compte bien avant, mais il n'y croyait pas. Que faire? Je
6. (devoir)

_____ rester calme. Oh là là! que j'_____ peur! Jean-Paul, me dis-je,
7. (devoir)   8. (avoir)

il faut que tu _____ . Les solutions existent. Il faut en _____ une.
                9. (se concentrer)   10. (trouver)

Réfléchis!

La Voile

La mer a toujours attiré l'homme et elle _____ Pierre.
1. (ne pas épargner)

Pierre a obtenu son premier bateau quand il _____ dix-huit ans. Il en était très fier et
2. (avoir)

il _____ souvent sur la Grande Baie. Un jour, un ami lui _____ de
3. (voguer)   4. (demander)

l'aider lors d'une régate le long des côtes de la Nouvelle-Écosse. C'était l'été, et il était libre. Il

_____ l'offre. L'aventure _____ un mois, mais ce mois fut un mois
5. (donc accepter)   6. (durer)

difficile, et Pierre en était revenu mûri, transformé. _____ de la voile lui était devenu
7. (faire)

indispensable.

Quand il _____ chez lui, sa décision était prise. «Je _____
8. (rentrer)   9. (vouloir)

gagner», dit-il à sa mère. En _____ Pierre doit travailler.
10. (attendre)

Le Horla (Maupassant)

Ah! Ah! je me rappelle, je me rappelle le beau trois-mâts brésilien qui passa sous mes fenêtres en

_____ la Seine, le 8 mai dernier! Je le trouvai si joli, si blanc, si gai! L'Être était dessus,
1. (remonter)

venant de là-bas, où sa race _____ ! Et il m'a vu! Il a vu ma demeure blanche aussi; et il a
2. (naître)

sauté du navire sur la rive. Oh! mon Dieu!

À présent, je sais, je devine. Le règne de l'homme est fini.

Il est venu. Celui que _____ les premières terreurs des peuples naïfs, celui qu'exor-
3. (redouter)

cisaient les prêtres inquiets, que les sorciers évoquaient par les nuits sombres, sans le voir

_____ encore, à qui les pressentiments des maîtres passagers du monde prêtèrent toutes
4. (apparaître)

les formes monstrueuses ou gracieuses des gnomes, des esprits, des génies, des fées, des farfadets. Après les

grossières conceptions de l'épouvante primitive, des hommes plus perspicaces l'_____
5. (pressentir)

plus clairement. Mesmer l'_____ , et les médecins, depuis dix ans déjà
6. (deviner)

_____ , d'une façon précise, la nature de sa puissance avant qu'il l'eût exercée lui-même.
7. (découvrir)

Ils ont joué avec cette arme du Seigneur nouveau, la domination d'un mystérieux vouloir sur l'âme humaine

devenue esclave. Ils ont appelé cela magnétisme, hypnotisme, suggestion... que sais-je? Je les

_____ s'amuser comme des enfants imprudents avec cette horrible puissance.
8. (voir)

La Mort d'Emma (Flaubert)

La chambre, quand ils y entrèrent, était toute pleine d'une solennité lugubre. Il y
_____ sur la table à ouvrage, recouverte d'une serviette blanche, cinq ou six petites boules
1. (avoir)

de coton dans un plat d'argent, près d'un gros crucifix, entre deux chandelles qui _____ .
2. (brûler)

Emma, le menton contre sa poitrine, ouvrait démesurément les paupières, et les pauvres mains

_____ sur les draps, avec ce geste hideux et doux des agonisants qui semblent
3. (se traîner)

_____ déjà _____ du suaire. Pâle comme une statue et les yeux rou-
4. (vouloir)   5. (se recouvrir)

ges comme des charbons, Charles, sans _____ , _____ en face d'elle
6. (pleurer)   7. (se tenir)

au pied du lit, tandis que le prêtre _____ sur un genou, _____ des
8. (appuyer)   9. (marmotter)

paroles basses.

Elle tourna sa figure lentement et _____ saisie de joie à voir tout à coup l'étole
10. (paraître)

violette, sans doute retrouvant au milieu d'un apaisement extraordinaire la volupté perdue de ses premiers

élancements mystiques, avec des visions de béatitude éternelle qui _____ .
11. (commencer)

Le prêtre _____ pour prendre le crucifix; alors elle _____ le
12. (se relever)   13. (allonger)

cou comme quelqu'un qui a soif, et, collant ses lèvres sur le corps de l'Homme-Dieu, elle y

_____ de toute sa force expirante le plus grand baiser d'amour qu'elle eût jamais donné.
14. (déposer)

UNIT 6

READING COMPREHENSION

Directions: Read the following passages carefully. Each passage is followed by a number of questions or incomplete statements. Select the best response according to the ideas expressed in the passage.

Enfin arrivèrent les jours d'agonie,
pendant lesquels la forte charpente du
bonhomme fut aux prises avec la destruction.
Il voulut rester assis au coin de son feu,
(5) devant la porte de son cabinet. Il attirait à
lui et roulait toutes les couvertures que l'on
mettait sur lui, et disait: — Serre, serre ça,
pour qu'on ne me vole pas. Quand il pouvait
ouvrir les yeux, où toute sa vie s'était
(10) réfugiée, il les tournait aussitôt vers la porte
du cabinet où gisaient ses trésors en disant à
sa fille: — Y sont-ils? y sont-ils? d'un son de
voix qui dénotait une sorte de peur panique.
        — Oui, mon père.
(15)   — Veille à l'or, mets de l'or devant moi.
Eugénie lui étendait des louis sur une
table, et il demeurait des heures entières les
yeux attachés sur les louis, comme un enfant
qui, au moment où il commence à voir,
(20) contemple stupidement le même objet: et,
comme à un enfant, il lui échappait un
sourire pénible.
        — Ça me réchauffe! disait-il quelquefois
en laissant paraître sur sa figure une
(25) expression de béatitude.
Lorsque le curé de la paroisse vint
l'administrer, ses yeux, morts en apparence
depuis quelques heures, se ranimèrent à la
vue de la croix, des chandeliers, du bénitier
(30) d'argent qu'il regarda fixement, et sa loupe
remua pour la dernière fois. Lorsque le prêtre
lui approcha des lèvres le crucifix en vermeil
pour lui faire baiser le Christ, il fit un
épouvantable geste pour le saisir et ce
(35) dernier effort lui coûta la vie, il appela
Eugénie, qu'il ne voyait pas quoiqu'elle fût
agenouillée devant lui et qu'elle baignât de
ses larmes une main déjà froide.
        — Mon père, bénissez-moi?... demanda-t-
(40) elle.
        — Aie bien soin de tout. Tu me rendras
compte de ça là-bas, dit-il.

1. L'expression «la forte charpente du
   bonhomme» (ligne 2) indique au lecteur que
   cet homme
   (A) avait été fort et robuste.
   (B) avait travaillé avec du bois.
   (C) avait les yeux fixés sur le plafond de la
       chambre.
   (D) avait bâti cette maison.

2. Le vieil homme a peur
   (A) de mourir.
   (B) d'un vol.
   (C) de laisser sa fille.
   (D) de se refroidir sans couverture.

3. Lorsque le père dit «Veille à l'or» (ligne 15),
   il exprime
   (A) sa peur des voleurs.
   (B) son regret d'être âgé.
   (C) un devoir pour sa fille.
   (D) sa concentration totale.

4. Le moribond contemple les louis étendus sur
   la table avec
   (A) une méditation religieuse.
   (B) des yeux d'enfant.
   (C) mépris et ressentiment.
   (D) une expression de panique.

5. Quand le père dit: «Ça me réchauffe» (ligne
   23), il parle
   (A) du feu dans la cheminée.
   (B) du dévouement de sa fille.
   (C) de ses couvertures.
   (D) de la présence de sa fortune.

6. Le mourant se ranime à la vue des articles
   religieux
   (A) car il contemplait Dieu.
   (B) à cause de leur valeur.
   (C) parce qu'il avait attendu l'arrivée du
       curé.
   (D) parce qu'il voulait les derniers
       sacrements de l'Église.

7. L'effort qui lui coûte la vie est celui
   (A) de saisir le crucifix.
   (B) de sauver son or.
   (C) d'appeler sa fille.
   (D) de s'agenouiller devant le curé.

8. Avec ses dernières paroles, le père
   (A) annonce ses adieux à sa fille.
   (B) exprime sa confiance en sa fille.
   (C) charge sa fille d'une lourde
       responsabilité.
   (D) prouve sa foi dans la religion.

9. D'après ce passage, le mourant est un homme
   (A) pieux et religieux.
   (B) dévoué à sa fille.
   (C) pénitent et généreux.
   (D) avare.

Je ne pense pas que ma mère ait été une petite fille heureuse. Je ne l'ai entendue évoquer qu'un seul souvenir plaisant: le jardin de sa grand-mère, dans un village de Lorraine; les mirabelles et les reines-claudes qu'on mangeait sur l'arbre toutes chaudes. De son enfance à Verdun, elle ne m'a rien raconté. Une photographie la représente, à huit ans, déguisée en marguerite: «Tu avais un joli costume. — Oui, m'a-t-elle répondu, mais mes bas verts ont déteint, la couleur s'est incrustée dans ma peau: il a fallu trois jours pour m'en débarrasser.» Sa voix était boudeuse: elle se remémorait tout un passé d'amertume. Plus d'une fois elle s'est plainte à moi de la sécheresse de sa mère. Bonne-maman, à cinquante ans, était une femme distante et même hautaine, qui riait peu, cancanait beaucoup, et ne témoignait à maman qu'une affection très conventionnelle; fanatiquement dévouée à son mari, ses enfants n'avaient tenu dans sa vie qu'une place secondaire. De bon-papa, maman m'a dit souvent avec ressentiment: «Il ne jurait que par ta tante Lili.» Plus jeune qu'elle de cinq ans, blonde et rose, Lili suscita chez son aînée une ardente et ineffaçable jalousie. Jusqu'aux approches de mon adolescence, maman m'a attribué les plus hautes qualités intellectuelles et morales: elle s'identifiait à moi; elle humiliait et ravalait ma sœur: c'était la cadette, rose et blonde, et sans s'en rendre compte maman prenait sur elle sa revanche.

1. Maman était contente
   (A) lorsqu'elle était chez sa grand-mère.
   (B) lorsqu'elle habitait Verdun.
   (C) déguisée en marguerite.
   (D) quand elle était tout près de sa mère.

2. Un des résultats de l'épisode du costume de marguerite était
   (A) que les bas étaient verts.
   (B) que la teinture des bas a coloré ses jambes.
   (C) qu'elle pouvait s'évader de sa mère amère.
   (D) qu'elle l'a porté pendant trois jours.

3. Lorsqu'elle parlait de ses parents, maman prenait un ton
   (A) sec.
   (B) distant.
   (C) bienveillant.
   (D) boudeur.

4. L'auteur caractérise bonne-maman comme une femme plutôt
   (A) sèche et distante.
   (B) tendre et heureuse.
   (C) amusante et bavarde.
   (D) amère et hautaine.

5. D'après le passage, les souvenirs d'enfance de maman restent
   (A) secs.
   (B) amers.
   (C) plaisants.
   (D) heureux.

6. Lili était
   (A) la tante de maman.
   (B) la mère de maman.
   (C) la sœur aînée de maman.
   (D) la sœur cadette de maman.

7. Maman en voulait à son père car il
   (A) préférait sa fille cadette.
   (B) donnait à ses enfants une place secondaire.
   (C) portait une ineffaçable jalousie envers sa femme.
   (D) jurait beaucoup en présence de la famille.

8. Maman s'identifiait à la narratrice
   (A) parce que la narratrice était plus intellectuelle.
   (B) parce que la sœur était plus jeune.
   (C) pour créer une certaine jalousie entre les sœurs.
   (D) à cause d'une revanche inconsciente.

9. La narratrice raconte ce passage d'un ton
   (A) compâtissant.
   (B) amer.
   (C) distant.
   (D) boudeur.

10. Maman n'a jamais parlé de son enfance auprès de ses parents
    (A) car elle avait bloqué ces souvenirs.
    (B) car elle en avait honte.
    (C) parce qu'elle était distante envers la narratrice.
    (D) parce qu'elle ne voulait pas ranimer ces sentiments.

11. Bonne-maman se montrait distante et conventionnelle parce qu'elle
    (A) connaissait bien la place d'une femme.
    (B) n'avait pas voulu d'enfant.
    (C) s'était consacrée totalement à son mari.
    (D) se prêtait facilement au bavardage.

12. L'effet de la jalousie de la part de la mère
    (A) était que la préférence s'est reproduite inconsciemment dans sa propre famille.
    (B) reste négligeable sauf quand on lui en parle.
    (C) à causé un ressentiment envers sa mère.
    (D) reste comme un feu ardent chez elle.

L'autre événement fut un repas au restaurant. Nous avions fait des courses tout le jour. Papa dit:

«Rien n'est prêt, à la maison. Nous irons manger au restaurant.

— Raymond, dit maman, c'est une folie.»

Et papa:

«On verra bien!»

Le restaurant était presque désert et la salle, peinte en vert d'eau, traversée par un énorme tuyau de poêle.

Maman disait:

«Ça me surprend toujours de manger des aliments que je n'ai pas préparés moi-même.»

Nous trouvions tout délicieux et, surtout, de goût étrange.

«C'est un restaurant très chic, murmura Joseph en se rengorgeant.

— Mais non, fit papa, lointain. C'est un restaurant de quatre sous.»

Notre grande joie tomba. Maman murmurait:

«Il ne fallait pas le leur dire. Ils ne s'en seraient pas aperçus.»

1. La mère ne veut pas aller au restaurant parce qu'elle
   (A) croit cette idée folle.
   (B) vient de préparer le dîner.
   (C) avait tout acheté pour le dîner.
   (D) le croyait extravagant.

2. D'après la description du restaurant, on dirait
   (A) que c'est un restaurant élégant.
   (B) que la salle doit être en réparation.
   (C) que papa l'a choisi à cause du décor.
   (D) que c'est un restaurant sans prétentions.

3. D'après le passage, un restaurant de quatre sous doit être
   (A) au goût de chacun.
   (B) modeste et bon marché.
   (C) cher et élégant.
   (D) dans un quartier résidentiel.

4. Quand il s'agit de restaurants, on peut dire que Joseph
   (A) s'y connaît bien.
   (B) n'a pas beaucoup d'expérience.
   (C) préfère la cuisine de maman.
   (D) préfère les goûts étranges.

5. Maman aurait préféré que papa n'ait pas annoncé que c'était un restaurant de quatre sous, parce qu'elle ne veut pas
   (A) que les autres clients s'en aperçoivent.
   (B) que les enfants le sachent.
   (C) insulter la direction.
   (D) s'inquiéter de son budget domestique.

6. Dans ce passage, il s'agit d'une famille
   (A) hautaine et moqueuse.
   (B) modeste et sincère.
   (C) gourmande et prétentieuse.
   (D) riche et perspicace.

7. D'après cet épisode, on pourrait dire que papa est un homme qui cherche
   (A) à impressionner la société.
   (B) à rendre sa famille heureuse.
   (C) à vivre au-dessous de ses moyens.
   (D) à vivre au-delà de ses moyens.

Le terme étant venu, M. Bergeret quittait avec sa sœur et sa fille la vieille maison ruinée de la rue de Seine pour s'aménager dans un moderne appartement de la rue de Vaugirard. Ainsi en avaient décidé Zoé et les destins. Durant les longues heures du déménagement, Riquet errait tristement dans l'appartement dévasté. Ses plus chères habitudes étaient contrariées. Des hommes inconnus, mal vêtus, injurieux et farouches troublaient son repos et venaient jusque dans la cuisine fouler aux pieds son assiette à pâtée et son bol d'eau fraîche. Les chaises lui étaient enlevées à mesure qu'il s'y couchait et les tapis tirés brusquement de dessous son pauvre derrière, qui, dans sa propre maison, ne savait plus où se mettre.

Disons à son honneur qu'il avait d'abord tenté de résister. Lors de l'enlèvement de la fontaine, il avait aboyé furieusement à l'ennemi. Mais à son appel personne n'était venu. Il ne se sentait point encouragé, et même, à n'en point douter, il était combattu. Mlle Zoé lui avait dit sèchement: «Tais-toi donc!» Et Mlle Pauline avait ajouté: «Riquet, tu es ridicule!»

Renonçant désormais à donner des avertissements inutiles et à lutter seul pour le bien commun, il déplorait en silence les ruines de la maison et cherchait vainement de chambre en chambre un peu de tranquillité. Quand les déménageurs pénétraient dans la pièce où il s'était réfugié, il se cachait par prudence sous une table ou sous une commode qui demeuraient encore. Mais cette précaution lui était plus nuisible qu'utile, car bientôt le meuble s'ébranlait sur lui, se soulevait, retombait en grondant et menaçait de l'écraser. Il fuyait hagard et le poil rebroussé, et gagnait un autre abri, qui n'était pas plus sûr que le premier.

1. D'après le passage, on peut conclure que Riquet est
   (A) un ami de M. Bergeret.
   (B) un des déménageurs.
   (C) un homme inconnu.
   (D) un animal.

2. Qu'est-ce qui a contrarié les habitudes de Riquet?
   (A) Le destin.
   (B) Le déménagement
   (C) La dévastation.
   (D) Le repos.

3. On est en train de déménager
   (A) parce que Zoé a pris cette décision.
   (B) parce que quelque chose avait troublé le repos de Riquet.
   (C) parce qu'on a dévasté la vieille maison.
   (D) parce que Riquet errait tristement.

4. Les hommes inconnus troublaient le repos de Riquet
   (A) en enlevant les chaises où il se couchait.
   (B) en ne sachant pas où le mettre.
   (C) en entrant dans la cuisine.
   (D) en marchant dans son assiette.

5. Dans ce passage, «l'ennemi» de Riquet doit être
   (A) M. Bergeret.
   (B) Zoé.
   (C) Pauline.
   (D) les déménageurs.

6. À la suite de son appel énergique,
   (A) Riquet se sentait encouragé.
   (B) on a enlevé la fontaine.
   (C) personne n'est venu.
   (D) Mlle Zoé a calmé Riquet.

7. Les femmes parlent à Riquet pour
   (A) l'encourager.
   (B) le rassurer.
   (C) mettre fin à l'aboiement.
   (D) montrer qu'il est ridicule.

8. Enfin, Riquet a décidé
   (A) de ne plus aboyer.
   (B) d'enlever des meubles.
   (C) de déplorer le silence.
   (D) d'avertir les autres.

9. Riquet cherchait la paix
   (A) sous les meubles qui restaient.
   (B) dans une chambre.
   (C) auprès des déménageurs.
   (D) à côté de la fontaine.

10. Riquet trouvait dangereux de se mettre sous les meubles, car
   (A) les déménageurs enlevaient les tapis.
   (B) les meubles n'offraient pas un abri sûr.
   (C) un lieu n'était pas plus sûr qu'un autre.
   (D) ils l'écrasaient.

Toutes les vingt-cinq bornes Patrick demandait qu'on lui laisse le volant, rien qu'un peu, et le père répondait fermement que non.

«Je ferais au moins aussi bien que toi, dit Patrick, humilié une fois de plus car le père venait de se faire agonir par un quinze tonnes.

— J'avais la priorité!» proclama le vieux, en accélérant victorieusement au virage qu'il prit à la corde à gauche, Dieu merci il ne venait personne en face.

«Un si gros que ça a toujours la priorité, fit remarquer Patrick. D'ailleurs il venait de droite, et on était dans une agglomération.

— De droite, de droite! je vais te la faire voir la droite», dit-il en la lâchant du volant pour l'envoyer dans la figure du rebelle; la mère serra sa Chantal sur son cœur en voyant arriver le platane, le père rattrapa le volant à deux mains, de justesse, le fils n'eut pas la beigne; il profita aussitôt de la situation.

«De droite. La droite, c'est là, dit-il, en la montrant. De fait, c'est bien Patrick qui avait raison.

— Je sais ce que j'ai à faire», déclara le père, qui puisait dans la tenue d'un volant une autorité nouvelle. Pendant un moment on tapa le cent dix en silence.

1. Patrick veut conduire
   (A) parce qu'il serait aussi bon que son père.
   (B) parce qu'il a la priorité.
   (C) parce que le père dépasse la vitesse limite.
   (D) parce qu'il sait mener un quinze tonnes.

2. Patrick se sent humilié
   (A) parce qu'il va en vacances avec ses parents.
   (B) parce que son père est un mauvais conducteur.
   (C) parce que son père ne lui permet pas de conduire.
   (D) parce que le camionneur se moque d'eux.

3. Gêné par le camion, le père
   (A) a accéléré pour changer de voie.
   (B) a failli louper un virage.
   (C) a prié Dieu.
   (D) a presque écrasé un piéton en face.

4. Quand il s'agit de la priorité de la route, Patrick
   (A) obéit à la loi.
   (B) fait preuve de bon sens.
   (C) ne s'y pas connaît.
   (D) adopte une philosophie de sauve qui peut.

5. Du passage, on peut conclure que l'on a la priorité
   (A) lorsqu'on a le droit.
   (B) lorsqu'on vient de la droite.
   (C) lorsqu'on entre dans une agglomération.
   (D) selon la taille du chauffeur.

6. Lorsque le père dit qu'il fera voir la droite à Patrick, il s'agit
   (A) de la direction de la circulation.
   (B) de sa main droite.
   (C) de son droit de garder le volant.
   (D) du siège à droite.

7. Le père lâche le volant
   (A) pour frapper Patrick.
   (B) pour indiquer la droite à Patrick.
   (C) pour que Patrick le prenne.
   (D) pour envoyer un message au camionneur.

8. Quand il a lâché le volant, le père
   (A) a presque heurté un arbre.
   (B) a frappé la mère.
   (C) a failli frapper Chantal.
   (D) l'a cassé.

9. Qui indique que Patrick a raison?
   (A) Le père.
   (B) La mère.
   (C) Chantal.
   (D) Le narrateur.

10. Comment le père a-t-il déclaré son autorité?
    (A) En saisissant le volant.
    (B) En frappant son fils.
    (C) En tapant le cent dix.
    (D) En annonçant son intention.

Il y a des images qu'on enregistre inconsciemment, avec la minutie d'un appareil photographique, et il arrive que, plus tard, quand on les retrouve dans sa mémoire, on se creuse la tête pour savoir où on les a vues.

Maigret ne se rendait plus compte, après tant d'années, qu'en arrivant, toujours un peu essoufflé, au sommet de l'escalier dur et poussiéreux de la P.J. il marquait un léger temps d'arrêt et que, machinalement, son regard allait vers la cage vitrée qui servait de salle d'attente et que certains appelaient l'aquarium, d'autres le Purgatoire. Peut-être en faisaient-ils tous autant et était-ce devenu une sorte de tic professionnel?

Même quand, comme ce matin-là, un soleil clair et léger, qui avait la gaieté du muguet, brillait sur Paris et faisait briller les pots roses des cheminées sur les toits, une lampe restait allumée toute la journée dans le Purgatoire, qui n'avait pas de fenêtre et ne recevait le jour que de l'immense corridor.

Certaines fois dans les fauteuils et sur les chaises recouvertes de velours vert, on apercevait des personnages plus ou moins patibulaires, de vieux clients qu'un inspecteur avait ramassés pendant la nuit et qui attendaient d'être questionnés, ou encore des indicateurs, des témoins convoqués la veille et qui levaient la tête d'un air morne chaque fois que quelqu'un passait.

Pour quelque raison mystérieuse, c'était là qu'étaient pendus les deux cadres noirs à filet doré contenant les photographies des policiers tués en service commandé.

D'autres personnes défilaient dans le Purgatoire, des hommes, des femmes, appartenant à ce qu'on appelle le monde, et ceux-là restaient d'abord debout comme si on allait les appeler d'une minute à l'autre, comme s'ils n'étaient ici que pour une visite sans importance. Après un temps plus ou moins long, on les voyait s'approcher d'une chaise sur laquelle ils finissaient par s'asseoir et il n'était pas rare de les y retrouver trois heures plus tard tassés sur eux-mêmes, le regard morne, ayant perdu tout sens de leur prépondérance sociale.

1. De quoi Maigret ne se rendait-il plus compte?
   (A) De son léger arrêt devant la salle d'attente.
   (B) Du manque de poussière au sommet de l'escalier.
   (C) De l'aquarium qui servait de salle d'attente.
   (D) De son arrivée à la P.J. après tant d'années.

2. Le sobriquet «aquarium» semble approprié
   (A) à cause de l'apparance des personnages enfermés.
   (B) à cause de l'éclairage.
   (C) à cause du vitrage.
   (D) parce qu'on y fait les cent pas.

3. L'auteur suggère
   (A) que Maigret monte l'escalier plus doucement.
   (B) que d'autres regardent la salle d'attente machinalement.
   (C) que le nom du Purgatoire n'est pas du tout professionnel.
   (D) que l'on s'arrête plus longtemps devant l'aquarium.

4. D'après le passage, on voit que plusieurs clients du Purgatoire
   (A) sont des habitués.
   (B) sont des vieux et des vieilles.
   (C) s'intéressent à l'activité qui se déroule hors de la salle.
   (D) s'ennuient d'être interrogés.

5. On y affichait des photos des policiers morts
   (A) pour les honorer devant le grand public.
   (B) dans un lieu d'honneur.
   (C) sans raison évidente.
   (D) à cause d'une commande du service policier.

6. On peut distinguer les habitués de l'aquarium des autres témoins parce que ceux-ci
   (A) ne mettent pas de grande importance dans leur visite.
   (B) s'appellent le monde.
   (C) ne prennent pas de chaise tout de suite.
   (D) n'y appartiennent pas.

7. On peut conclure que l'effet de la salle d'attente
   (A) sépare les criminels des témoins.
   (B) finit par confondre les clients habituels avec les nouveaux.
   (C) fait garder la superiorité de la haute société.
   (D) fait s'asseoir tout client qui s'y présente.

Quelques jours avant que Véra revienne
avec le bébé, je suis surprise en voyant que
les objets qui m'appartiennent ne sont plus
dans ma chambre, une assez vaste chambre
(5) donnant sur la rue. La grande et grosse
femme qui s'occupe de tout dans la maison
m'apprend que j'habiterai dorénavant dans la
petite chambre qui donne sur la cour, tout
près de la cuisine... «Qui va habiter dans ma
(10) chambre? — Ta petite sœur avec sa bonne...
— Quelle bonne? — Elle va arriver...»
Si quelqu'un avait pensé à m'expliquer
qu'il n'était pas possible de loger un bébé et
une grande personne dans ma nouvelle
(15) chambre, qu'il n'y avait pas moyen de faire
autrement, je crois que je l'aurais compris.
Mais enlevée ainsi, brutalement, de ce qui
petit à petit était devenu pour moi «ma
chambre» et jetée dans ce qui m'apparaissait
(20) comme un sinistre réduit, jusqu'ici inhabité,
j'ai eu un sentiment qu'il est facile
d'imaginer de passe-droit, de préférence
injuste. C'est alors que la brave femme qui
achevait mon déménagement s'est arrêtée
(25) devant moi, j'étais assise sur mon lit dans ma
nouvelle chambre, elle m'a regardée d'un air
de grande pitié et elle a dit: «Quel malheur
quand même de ne pas avoir de mère.»

1. Dès le commencement de ce texte, la
   narratrice apprend
   (A) que le nouveau-né la déplace.
   (B) qu'elle va partager une chambre.
   (C) que sa chambre est trop vaste pour une
   personne.
   (D) qu'on va bientôt louer sa chambre.

2. Le déménagement a été achevé par
   (A) la grande et grosse femme.
   (B) la narratrice.
   (C) Véra.
   (D) la nourrice du bébé.

3. La narratrice se plaint
   (A) qu'on l'a traitée de bébé.
   (B) que personne ne lui a expliqúe.
   (C) que sa sœur cadette aura une bonne.
   (D) qu'elle n'a plus de chambre.

4. Le «sinistre réduit» (ligne 21) fait référence
   (A) au déménagement.
   (B) à la nouvelle chambre.
   (C) à la chambre préférée.
   (D) au nouveau-né.

5. La brave femme montre de la pitié pour la
   narratrice
   (A) parce que Véra n'a pas de mère.
   (B) parce qu'elle occupait une chambre
   jusqu'à présent inhabitée.
   (C) parce qu'elle a dû déménager.
   (D) parce qu'elle n'aimait pas la nouvelle
   chambre.

6. À travers ce passage, la narratrice se montre
   (A) indignée.
   (B) indifférente.
   (C) acceptante.
   (D) soulagée.

7. Pour la narratrice, le premier indice du
   déménagement est
   (A) l'arrivée de Véra et du bébé.
   (B) le déplacement de ses effets personnels.
   (C) l'activité de la grande et grosse femme.
   (D) les paroles de la grande et grosse femme.

8. La narratrice caractérise la femme comme
   «brave» (ligne 24), parce qu'elle
   (A) a indiqué son courage face à la famille.
   (B) faisait tout le travail.
   (C) lui a annoncé ces nouvelles
   bouleversantes.
   (D) s'occupait d'elle de façon sympathique.

9. La narratrice a dû prendre
   (A) une chambre plus vaste.
   (B) la chambre de la «brave femme».
   (C) une chambre sur la cour.
   (D) une minuscule chambre sous les toits.

10. Chez la narratrice, le déménagement a
    produit un sentiment
    (A) d'importance exagérée.
    (B) de volonté libre.
    (C) de soulagement.
    (D) d'injustice.

11. Le «passe-droit» (ligne 23) fait référence
    (A) aux privilèges du bébé.
    (B) à la situation de la nouvelle chambre.
    (C) à la préférence de la narratrice pour «sa
    chambre».
    (D) au manque de solitude que lui accordera
    la nouvelle chambre.

Entre la Seine et Saint-Germain-des-Prés, dans le dédale de ces ruelles qui portent les noms pittoresques de «Chat-qui-pêche» et de «Gît-le-Cœur», de petits groupes F.F.I. (Forces Françaises de l'Intérieur) tendirent, au début de cet après-midi dominical, une embuscade à une importante patrouille allemande. Sous l'œil goguenard des habitants de ce quartier millénaire, les orgueilleux soldats de la Wehrmacht, arrosés de bouteilles incendiaires, se mirent à flamber comme des torches.

La ville elle-même s'installa dans la guerre. Dans leurs imprimeries secrètes où ils avaient composé les journaux clandestins de la Résistance, des hommes imprimaient des milliers de tracts sur lesquels les Parisiens trouvèrent d'étranges recettes pour fabriquer une bouteille incendiaire ou construire une barricade. Avec leurs précieux bocaux de chlorate de potasse, les pharmacies devenaient de véritables arsenaux. Dans des appartements ou des magasins, des étudiants en médecine et de jeunes secouristes de la Croix-Rouge installèrent des cliniques clandestines. Des centaines de brancardiers volontaires, pour la plupart des très jeunes gens, rejoignaient les postes de secours dispersés dans toute la ville. Aux Halles, les F.F.I. réquisitionnèrent les stocks et distribuèrent les vivres aux restaurants communautaires. Chaque Parisien, à l'heure de la famine, était inscrit dans un de ces restaurants communautaires dont le menu ne comprenait qu'un plat unique, un bol de «soupe populaire».

Mais nulle part, dans l'immense cité bouillonnante de passions et d'espoir, la bataille ne fût organisée avec autant d'enthousiasme que sous le péristyle du vaste bâtiment qui abritait la plus célèbre salle du théâtre national, la Comédie-Française. Les acteurs de la maison de Molière étaient descendus dans la rue pour y jouer le plus beau rôle de leur carrière, celui d'infirmière ou de guérillero dans cette pièce historique qui s'appellerait bientôt *La Libération de Paris*. Marie Bell, Lise Delamare, Mony Dalmès, les héroïnes de Racine, avaient exhumé des placards de la garde-robe du théâtre, des costumes avec lesquels elle s'étaient déguisées en infirmières. Parmi les brancardiers volontaires du poste de secours qu'elles avaient improvisé, se trouvait un petit homme qui portait des lunettes cerclées de fer. Il avait demandé à prendre la garde de nuit. Car les nuits, pensait-il, seraient plus calmes et il pourrait écrire. Il s'appelait Jean-Paul Sartre et il écrivait *les Chemins de la liberté*.

1. Les F.F.I. attaquèrent les Allemands
   (A) avec des torches.
   (B) avec des bouteilles incendiaires.
   (C) dans les yeux.
   (D) dans des patrouilles.

2. En regardant les Allemands, les habitants du quartier
   (A) leur tendaient une embuscade.
   (B) croyaient voir une importante patrouille.
   (C) se mirent à flamber.
   (D) se moquaient d'eux.

3. Les imprimeries clandestines publiaient
   (A) des instructions pour bâtir des barricades.
   (B) des recettes pour la «soupe populaire».
   (C) les adresses des pharmacies clandestines.
   (D) les endroits des cliniques de la Croix-Rouge.

4. À cette époque, l'assistance médicale se trouvait
   (A) dans des pharmacies et des imprimeries.
   (B) dans des appartements et des magasins.
   (C) dans des arsenaux clandestins.
   (D) dans des restaurants communautaires.

5. Pendant la famine à Paris,
   (A) on distribua des aliments aux restaurants qui étaient ouverts aux Parisiens inscrits.
   (B) les habitants de la ville distribuèrent les stocks aux F.F.I.
   (C) on prenait d'habitude le menu du jour aux restaurants, parce que d'autres aliments manquaient.
   (D) on faisait les courses aux Halles.

6. Selon le passage, les résistants les plus enthousiastes étaient
   (A) les journalistes.
   (B) les pharmaciens.
   (C) les acteurs.
   (D) les brancardiers.

7. À l'epoque de ce passage, la Comédie-Française jouait
   (A) les pièces de Molière et de Racine.
   (B) *La Libération de Paris*.
   (C) *Les Chemins de la liberté*.
   (D) le théâtre de Jean-Paul Sartre.

8. Les actrices se sont déguisées
   (A) en garde-robes.
   (B) en infirmières.
   (C) à l'improviste.
   (D) en brancardiers.

9. Jean-Paul Sartre voulait être brancardier pendant la nuit parce qu'il
   (A) voulait continuer à écrire.
   (B) rendrait un plus grand service pendant ces heures.
   (C) ne voyait pas bien pendant la journée.
   (D) lisait *Les Chemins de la liberté*.

10. D'après le passage, nous savons qu'à Paris les Allemands
    (A) avaient mis des obstacles à la livraison des produits alimentaires.
    (B) avaient interdit toute représentation théâtrale.
    (C) n'avaient pas permis à Jean-Paul Sartre d'écrire.
    (D) avaient contrôlé la livraison des médicaments aux pharmacies.

À Courchevel, les hôteliers se frottent les mains: ils ont déjà enregistré 15 à 20% de réservations supplémentaires par rapport aux années précédentes. La stratégie élitiste de la station, qui hébergera en 1992 les membres du Comité olympique, semble porter ses fruits.

Courchevel n'a jamais été une station comme les autres. Sa naissance déjà avait étonné. Elle fut, en effet, la première en Europe à être créée de toutes pièces sur un site vierge, en fonction de la qualité des pentes. Quant à la station elle-même, la première de la «deuxième génération», elle n'entra pourtant pas dans le moule des stations nouvelles intégrées. Dans ce domaine, les choix furent dès le départ très nets. Ils devaient conditionner le devenir de Courchevel à tous ses niveaux, puisqu'il en existe aujourd'hui quatre, situés respectivement à 1300, 1550, 1650 et 1850 mètres d'altitude.

Plusieurs projets seront réalisés pour les jeux Olympiques. Le Forum, en plein centre de la station, sera terminé en décembre 1990 et comprendra à la fois la nouvelle patinoire olympique, un centre de loisirs, une galerie marchande et de nombreux autres services. Un stade de saut sera créé sur le site de Praz. Il accueillera 35 000 spectateurs pendant les Jeux. Altiport, parking couvert de 1 000 places: les grands travaux depuis un an déjà progressent. «Les Jeux, explique M. Michel Giraudy, directeur de l'Office du tourisme, nous ont permis d'accélérer la réalisation de tous nos projets. Nous ferons en trois ans ce que nous aurions fait en vingt ans».

Aujourd'hui avec un chiffre d'affaires global de 1,4 milliard de francs, Courchevel continue son escalade. À partir de ce mois-ci, cinq TGV directs Paris–Moutiers circuleront le samedi, quatre le dimanche et un le vendredi soir. Sur le plan routier, d'ici à 1991, la station bénéficiera d'une autoroute jusqu'à Albertville et d'une voie express entre Albertville et Moutiers. Mais elle mise surtout sur les accès aériens. Son nouvel altiport est desservi par un vol aller et retour depuis Paris les lundi, vendredi, samedi et dimanche. En 1991, il sera relié aux principales métropoles européennes. La station entend aussi profiter du développement de l'aéroport de Lyon-Satolas, qui accueille déjà deux vols quotidiens en provenance de New York.

La clientèle étrangère a toujours été le cheval de bataille de Courchevel, qui dès le début des années 60 partait à sa conquête. Aujourd'hui, sur les 30 000 skieurs qui fréquentent la station chaque hiver, 40% sont étrangers. Des Européens du Nord, bien sûr, mais aussi beaucoup de Méditerranéens. Et puis des Sud-Américains comme nulle part ailleurs: il en arrive tous les ans 2 500 en janvier.

1. À Courchevel, les hôteliers
   (A) s'inquiètent de la pénurie de places pour les touristes déjà inscrits.
   (B) se réjouissent de l'augmentation des réservations.
   (C) font des réservations par rapport aux années précédentes.
   (D) agonisent avec le problème du placement des stock des fruits.

2. Courchevel ressort de toutes les autres stations de ski françaises
   (A) parce qu'elle a été la première créée en Europe.
   (B) parce que cette station offre une bonne qualité de pentes.
   (C) parce qu'on l'a développée dans un lieu autrefois inexploité.
   (D) parce que c'est le domaine skiable le plus vaste du monde.

3. Quand on parle de la deuxième génération, il s'agit
   (A) de la renaissance dans le développement des stations.
   (B) de la restauration des vieilles stations.
   (C) de l'intégration de plusieurs vieilles stations.
   (D) d'un nouvel intérêt en France comme lieu de ski.

4. Le Forum comprendra plusieurs éléments *sauf*
   (A) une station de ski.
   (B) un centre commercial.
   (C) une nouvelle patinoire.
   (D) un centre de loisirs.

5. Le TGV desservira la région de Courchevel
   (A) en aller simple.
   (B) en circulation quotidienne.
   (C) dès 1991.
   (D) les fins de semaine.

6. Dû à son accès aérien, Courchevel
   (A) aura des vols limités aux fins de semaine.
   (B) se reliera aux grandes villes d'Europe.
   (C) accueillera des vols quotidiens directs de New York.
   (D) sera desservi d'un vol aller et retour depuis Paris.

7. Courchevel est la station européenne la plus populaire parmi les
   (A) Français.
   (B) Méditerranéens.
   (C) Sud-Américains.
   (D) Européens du Nord.

Éric Cantona, l'enfant terrible du football a encore fait des siennes. Le 21 octobre, lui et son équipe, le football-club de Montpellier ont perdu 1 à 0 contre Lille. En rentrant dans les vestiaires du stade de Lille, il est allé «engueuler» son coéquipier Jean-Claude Lemoult et il l'aurait frappé avec l'une de ses chaussures de foot.

Louis Nicollin, le président du club de Montpellier a aussitôt réagi et a dit à Éric Cantona qu'il ne jouerait plus dans l'équipe. Il l'a dit sur le coup de la colère, mais maintenant, il est embêté. Éric Cantona est un super joueur. Il est venu à Montpellier avec son ami Stéphane Paille pour redresser l'équipe. Hélas, depuis le début du championnat de division I, Montpellier perd trop souvent. À qui la faute? L'ambiance dans l'équipe n'est pas bonne. Les joueurs forment deux clans. En plus, Éric Cantona fait peur. Ce n'est pas un joueur ordinaire. Il est différent, déteste l'injustice et ne peut pas se retenir quand quelque chose ne va pas. Il explose, c'est sa nature. Bref, il n'est pas toujours facile à vivre. L'affaire Cantona sera jugée. En attendant, il a eu une «mise à pied conservatoire». Cela veut dire qu'il est suspendu, il n'a plus le droit de jouer.

Mais doit-on renvoyer un joueur qui s'est bagarré avec un autre après un match perdu? Ce n'est pas la première fois que cela arrive. Éric Cantona a déclaré qu'il n'avait rien à se reprocher. Il souhaite simplement sortir propre de cette affaire. Il veut jouer. Enfin, à Montpellier, on a fait d'un petit pois, une montagne.

Cantona, c'est Cantona, si on lui demande de venir jouer et peut-être de «sauver» une équipe, il faut assumer jusqu'au bout. Et le président Nicollin s'est sûrement emporté trop vite. Il sera peut-être obligé de faire marche arrière pour sauver son équipe de la chute. Mais Éric Cantona devrait essayer de faire moins de caprices. Cela arrangerait tout le monde.

1. Le 21 octobre, Éric Cantona
   (A) a félicité son coéquipier J.-Cl. Lemoult.
   (B) s'est mis en colère contre un autre joueur de son équipe.
   (C) est devenu responsable des actions de son équipe.
   (D) a fait perdre un match important à son équipe.

2. Pourquoi Éric Cantona est-il traité d'enfant terrible?
   (A) Il est plus jeune que les autres.
   (B) Il fait des caprices.
   (C) Il ne sait pas bien jouer.
   (D) Il a perdu un match.

3. D'après ce texte, pourquoi l'équipe de Montpellier perd-elle souvent?
   (A) L'entraîneur est mauvais.
   (B) Éric est un joueur extraordinaire.
   (C) Les membres de l'équipe ne s'entendent pas.
   (D) Stéphane Paille déteste Éric.

4. Après cet incident, le président du club
   (A) a démissionné.
   (B) s'est ennuyé.
   (C) a renvoyé Cantona.
   (D) a changé d'avis.

5. L'action de Nicollin ce jour-là
   (A) s'est faite sous la pression des autres membres de l'équipe.
   (B) a causé la perte du match.
   (C) était fort regrettable.
   (D) s'est faite sans penser aux conséquences.

6. Cantona et Stéphane Paille ont rejoint l'équipe de Montpellier
   (A) pour redresser l'équipe.
   (B) pour faire gagner le championnat.
   (C) à cause de l'ambiance de l'équipe.
   (D) parce qu'ils sont amis.

7. Cantona se montre d'une humeur
   (A) passive.
   (B) passionnée.
   (C) forte.
   (D) raisonnable.

8. Selon Cantona lui-même,
   (A) il est victime de l'injustice.
   (B) il n'a rien à se reprocher.
   (C) il est conservateur.
   (D) il est suspendu et n'a pas le droit de jouer.

9. Éric veut «sortir propre de cette affaire». Cela veut dire qu'il
   (A) ne fera plus de caprices.
   (B) maintiendra sa culpabilité.
   (C) n'est pas coupable.
   (D) est suspendu.

À sept heures, Mme Raquin allumait le feu, mettait la lampe au milieu de la table, posait un jeu de dominos à côté, essuyait le service à thé qui se trouvait sur le buffet. À

(5) huit heures précises, le vieux Michaud et Grivet se rencontraient devant la boutique, venant l'un de la rue de Seine, l'autre de la rue Mazarine. Ils entraient, et toute la famille montait au premier étage. On

(10) s'asseyait autour de la table, on attendait Olivier Michaud et sa femme, qui arrivaient toujours en retard. Quand le réunion se trouvait au complet, Mme Raquin versait le thé, Camille vidait la boîte de dominos sur la

(15) toile cirée, chacun s'enfonçait dans son jeu. On n'entendait plus que le cliquetis des dominos. Après chaque partie, les joueurs se querellaient pendant deux on trois minutes, puis le silence retombait, morne, coupé de

(20) bruits secs.

Thérèse jouait avec une indifférence qui irritait Camille. Elle prenait sur elle François, le gros chat tigré que Mme Raquin avait apporté de Vernon, elle le caressait

(25) d'une main, tandis qu'elle posait les dominos de l'autre. Les soirées du jeudi étaient un supplice pour elle; souvent elle se plaignait d'un malaise, d'une forte migraine, afin de ne pas jouer, de rester là oisive, à moitié

(30) endormie. Un coude sur la table, la joue appuyée sur la paume de la main, elle regardait les invités de sa tante et de son mari, elle les voyait à travers une sorte de brouillard jaune et fumeux qui sortait de la

(35) lampe. Toutes ces têtes-là l'exaspéraient. Elle allait de l'une à l'autre avec des dégoûts profonds, des irritations sourdes. Le vieux Michaud étalait une face blafarde, tachée de plaques rouges, une de ces faces mortes de

(40) vieillard tombé en enfance; Grivet avait le masque étroit, les yeux ronds, les lèvres minces d'un crétin; Olivier, dont les os perçaient les joues, portait gravement sur un corps ridicule une tête roide et insignifiante;

(45) quant à Suzanne, la femme d'Olivier, elle était tout pâle, les yeux vagues, les lèvres blanches, le visage mou. Et Thérèse ne trouvait pas un homme, pas un être vivant parmi ces créatures grotesques et sinistres

(50) avec lesquelles elle était enfermée; parfois des hallucinations la prenaient, elle se croyait enfouie au fond d'un caveau, en compagnie de cadavres mécaniques, remuant la tête, agitant les jambes et les bras,

(55) lorsqu'on tirait des ficelles. L'air épais de la salle à manger l'étouffait; le silence frissonnant, les lueurs jaunâtres de la lampe la pénétraient d'un vague effroi, d'une angoisse inexprimable.

1. L'auteur décrit la visite des amis avec
   (A) précision.
   (B) anticipation.
   (C) indifférence.
   (D) charme.

2. Thérèse n'aimait pas les soirées du jeudi, parce qu'elle
   (A) avait souvent mal à la tête.
   (B) trouvait la compagnie exaspérante.
   (C) devait mettre le chat sur ses genoux.
   (D) avait sommeil.

3. Dans le texte, on peut voir que Thérèse ne s'intéresse pas aux événements, parce qu'elle
   (A) y participe avec indifférence.
   (B) s'endort.
   (C) a des difficultés à dévisager les visiteurs.
   (D) s'occupe du chat.

4. À la ligne 25, qu'est-ce que l'on peut substituer à «tandis que»?
   (A) Aussitôt que.
   (B) Bien que.
   (C) Depuis que.
   (D) Pendant que.

5. Parfois, Thérèse voyait les invités comme
   (A) des malades.
   (B) trop absorbés dans le jeu.
   (C) agités.
   (D) des morts.

6. Quel est le but principal de ce passage?
   (A) De donner une description objective des soirées du jeudi.
   (B) De créer un monde de cauchemar.
   (C) De fournir des détails sur les amis de Mme Raquin.
   (D) D'expliquer l'état d'âme de Thérèse.

7. Quelle est l'attitude de Thérèse envers les invités?
   (A) C'est une attitude d'indifférence.
   (B) Elle montre un dégoût profond.
   (C) Elle les accepte gravement.
   (D) Ils lui offrent une perspective rafraîchissante.

Ah! ces fameux signes de ponctuation et d'accentuation! Depuis le XVIe siècle, où ils s'imposèrent avec les débuts de l'imprimerie, on les a tour à tour, avec la même conviction, mis au pilon ou adulés comme intouchables dieux. George Sand bataillait contre les protes qui s'arrogeaient le droit de retoucher ses points et ses virgules, Victor Hugo travaillait sa ponctuation en orfèvre, Proust n'a pas fini d'embarrasser ses éditeurs par l'incohérence de ses virgules.

Le plus contesté de tous les signes de ponctuation semble, de loin, le point-virgule, également honni par le maréchal Pétain et Michel Tournier. Mais les trois points de suspension ont aussi leurs détracteurs, tels Paul Claudel ou... Richard Bohringer.

Quant aux accents, ils occupent une place de choix dans le débat franco-français sur l'orthographe. Pour les uns, ils sont beaux et alimentent l'imaginaire: sans son circonflexe, la «chaîne» a un maillon manquant et le «château», sans son chapeau, est une masure ouverte aux quatre vents. Pour les autres, ils empêchent le français de concurrencer sérieusement l'anglais, ils compliquent les maniements informatiques et lancent un défi permanent à la prononciation.

Une polémique sans cesse renouvelée... Aux yeux des graphologues, en tout cas, ces petits signes d'apparence anodine sont porteurs de précieux enseignements. Complétant les indices fournis par les lettres elles-mêmes, ils trahiraient la santé physique ou psychique: «Une écriture pleine de points inutiles, qui sont autant de pauses pour reprendre le souffle, peut être le fait d'un cardiaque, d'un asthmatique ou d'un grand angoissé», avance Anne-Marie Coulet, graphologue.

D'une façon générale, il vaut mieux surveiller de près les emballements de la plume: de gigantesques virgules seraient signes d'agressivité, des accents «en poignard» dénoteraient un caractère difficile, et ces gros ronds sur les *i* révéleraient un narcissisme sans limite!

Accents, points et virgules sont-ils donc les instruments qui permettent à chacun de modeler la langue écrite à sa propre image? Dans une nouvelle d'Alain Nadaud, un citoyen d'un pays de l'Est lutte jusqu'au bout pour conserver, contre la langue de bois, «le droit à la virgule», faisant par là même de la ponctuation et de l'accentuation le lieu imprescriptible de sa liberté.

1. La ponctuation et l'accentuation de la langue française règnent en «seigneur» depuis
   (A) l'invention de l'imprimerie.
   (B) la célébrité de George Sand.
   (C) les éditeurs divers.
   (D) la création des dictées.

2. Les éditeurs avaient un problème avec l'œuvre de Proust parce qu'il
   (A) ne mettait jamais de virgule.
   (B) était incohérent.
   (C) ne respectait pas souvent les règles.
   (D) voulait montrer sa compréhension des règles et ainsi troubler ses rédacteurs.

3. Selon l'article, l'élément de la ponctuation le moins aimé est
   (A) la virgule.
   (B) le point-virgule.
   (C) l'accent circonflexe.
   (D) les trois points de suspension.

4. Pour les graphologues, l'accentuation se montre très importante parce qu'elle
   (A) permet une certaine psychanalyse de l'auteur.
   (B) dénote la bonne santé de l'auteur.
   (C) permet d'apprécier la beauté de la langue.
   (D) transmet la pensée de l'auteur.

5. Selon Anne-Marie Coulet, quand on utilise trop de points, cela pourrait indiquer
   (A) que l'auteur prend du temps pour réfléchir.
   (B) que l'auteur crée des pauses afin que le lecteur reprenne son souffle.
   (C) un caractère difficile et agressif.
   (D) une maladie cardiaque ou respiratoire.

6. En général, les gros points sur les *i* représentent
   (A) beaucoup d'agressivité.
   (B) un grand amour de soi.
   (C) une passivité sans limite.
   (D) une grande intelligence.

7. D'après cet article, on peut affirmer que les accents et la ponctuation vont
   (A) disparaître rapidement de la langue.
   (B) continuer à faire partie de la langue.
   (C) lancer de nouvelles théories de psychanalyse.
   (D) provoquer de grandes batailles entre auteurs et éditeurs.

8. Les accents posent un problème au Français moderne
   (A) parce qu'il est difficile de les manipuler sur un ordinateur.
   (B) parce qu'ils empêchent la bonne prononciation de la langue.
   (C) parce qu'ils éliminent toute possibilité de concurrence avec l'anglais.
   (D) parce qu'ils évoquent de petites histoires ridicules.

9. D'après Alain Nadaud, chaque auteur
   (A) pourrait trouver de l'indépendance personnelle dans son emploi de la ponctuation.
   (B) doit respecter les règles de la ponctuation.
   (C) doit exiger une ponctuation rigidement contrôlée.
   (D) doit lutter pour la conservation de la ponctuation.

10. Le but de cet article est
   (A) de proposer un changement dans les règles d'accentuation et de prononciation.
   (B) de lancer un défi aux puristes de ponctuation.
   (C) de présenter les différents côtés du problème de la ponctuation.
   (D) d'encourager le bon emploi de la ponctuation.

La Cigale, ayant chanté
　　Tout l'été,
Se trouva fort dépourvue
Quand la bise fut venue:
Pas un seul petit morceau
De mouche ou de vermisseau.
Elle alla crier famine
Chez la Fourmi sa voisine,
La priant de lui prêter
Quelque grain pour subsister
Jusqu'à la saison prochaine.

Je vous paierai, lui dit-elle,
Avant l'oût, foi d'animal,
Intérêt et principal.
La Fourmi n'est pas prêteuse:
C'est là son moindre défaut.
Que faisiez-vous au temps chaud?
Dit-elle à cette emprunteuse.
— Nuit et jour à tout venant
Je chantais, ne vous déplaise.
— Vous chantiez? j'en suis fort aise:
Eh bien! dansez maintenant.

　　　　　　　　　　　—La Fontaine

1. À la fin de l'été, la Cigale se rend compte qu'elle
   (A) n'a pas trouvé de mouche.
   (B) aurait dû ne pas chanter.
   (C) aurait dû rendre plus souvent visite à la Fourmi.
   (D) n'a pas mis de côté de la nourriture pour l'hiver.

2. Vu son activité de l'été, on peut dire que la Fourmi se montre
   (A) insouciante.
   (B) prétentieuse.
   (C) prévoyante.
   (D) prêteuse.

3. À quelle saison probable est-ce que le vers 4 fait allusion?
   (A) Au printemps.
   (B) À l'été.
   (C) À l'automne.
   (D) À l'hiver.

4. La Cigale et la Fourmi représentent
   (A) un dialogue entre adversaires.
   (B) un contraste entre oisiveté et industrie.
   (C) une symétrie entre caractères différents.
   (D) une thèse de coopération.

5. La Cigale est allée chez la Fourmi
   (A) pour lui chanter un refrain connu.
   (B) pour lui demander de la nourriture.
   (C) pour lui rendre visite.
   (D) pour la payer.

6. La Fourmi répond aux demandes de la Cigale
   (A) en lui empruntant peu.
   (B) en lui demandant intérêt et principal.
   (C) en lui faisant remarquer ses fautes.
   (D) en lui reprochant son oisiveté.

7. L'auteur propose
   (A) que l'on partage ses biens.
   (B) que la danse vaut mieux que le chant.
   (C) que la Fourmi est égoïste.
   (D) que l'on finisse son travail avant de s'amuser.

Si l'on a pu croire, pendant très longtemps, la rage totalement éradiquée en France, il ne se passe guère de mois, aujourd'hui, sans qu'une nouvelle alerte
(5) vienne rappeler que le virus est encore capable de sévir dans notre pays. La trêve aura duré quarante ans: de 1928, date du dernier cas mortel chez l'homme, dû à une contamination, à 1968, année d'apparition de
(10) la maladie chez le renard dans les départements proches de l'Allemagne, elle-même déjà touchée par l'infection. Depuis, environ 40 000 cas d'animaux infectés (dont 26 000 renards, principaux propagateurs du
(15) virus) ont été recensés.

Contenue pour le moment à l'est d'une ligne qui passerait par la Seine-Maritime et l'Isère, la rage touche aujourd'hui une bonne trentaine de départements, soit un tiers du
(20) territoire, et pousse régulièrement des incursions jusqu'en région parisienne. C'est ainsi que, de janvier à septembre 1989, on a recensé vingt-huit renards et un bovin dans le Val-d'Oise.
(25) Face à cette menace, les services vétérinaires ont, bien sûr, multiplié les campagnes d'encouragement à la vaccination antirabique, incitant à procéder, dans les départements infestés, à des inoculations chez
(30) les chiens, les chats, les bovins et même les chevaux en contact fréquent avec l'homme, puisque c'est toujours par morsure, griffure ou léchage sur les plaies que se transmet la maladie. Il existe par ailleurs des primes à
(35) l'abattage des renards: l'État alloue 25 francs par queue rapportée, somme parfois arrondie par les collectivités locales (le Val-d'Oise, notamment, offre une prime complémentaire de 32 francs pour motiver les chasseurs).
(40) Malgré ces mesures, depuis la fin de l'année dernière, des chauves-souris porteuses d'un virus rabique ont fait leur apparition en France, et deux personnes ont été agressées et mordues en Meurthe-et-Moselle par cet
(45) animal généralement inoffensif. L'alerte est à prendre au sérieux, puisque, selon les experts, deux personnes auraient trouvé la mort en Union soviétique après une telle contamination, et une en Finlande.
(50) Reste enfin le danger représenté par les animaux rapportés en France de l'étranger — notamment d'Afrique. Une cinquantaine de Lyonnais qui avaient été en contact avec des petits singes illégalement importés au mois

(55) de septembre dernier en savent quelque chose: ils ont dû suivre un traitement antirabique d'urgence lorsque la maladie des animaux a été décelée.

La situation n'est sans doute pas
(60) catastrophique en France même, aucun cas de rage humaine (contractée sur le territoire) n'ayant été recensé depuis 1928. Mais les autorités médicales rappellent qu'une dizaine de personnes ont succombé au cours des vingt
(65) dernières années, après une contamination à l'étranger, et qu'il convient de rester extrêmement vigilant.

1. Selon l'article, la rage n'existait pas en France
   (A) entre 1928 et 1968.
   (B) jusqu'en 1968.
   (C) depuis la vaccination antirabique.
   (D) depuis son éradication parmi les renards.

2. D'après ce passage, l'animal le plus coupable d'avoir introduit la rage en France était
   (A) les petits singes d'Afrique.
   (B) les animaux rapportés de l'étranger.
   (C) le renard.
   (D) les chevaux en contact fréquent avec l'homme.

3. L'homme peut contracter la rage à partir de toutes les situations suivantes *sauf*
   (A) si un renard infecté le mord.
   (B) si un petit singe infecté se tait.
   (C) si un animal infecté le gratte.
   (D) si un chat infecté le léche.

4. Afin de limiter la propagation de la rage en France, les vétérinaires proposent
   (A) de limiter l'entrée des animaux de l'étranger.
   (B) de limiter la fréquence de contact entre homme et animal.
   (C) de chasser les renards.
   (D) de vacciner les animaux domestiques.

5. Pour encourager la chasse aux renards, l'état offre une somme d'argent en échange
   (A) de la bête entière.
   (B) des collectivités locales.
   (C) de la queue du renard.
   (D) de tout renard infecté.

6. À la place de «complémentaire», ligne 38, on pourrait mettre
   (A) gratuite.
   (B) supplémentaire.
   (C) en remerciement.
   (D) salutaire.

7. Deux Russes ont trouvé la mort après avoir été mordus par
   (A) un renard.
   (B) une chauve-souris.
   (C) un singe.
   (D) un bovin.

8. Pour le moment, la rage constitue un problème sérieux uniquement pour
   (A) les Français de France.
   (B) les Français qui séjournent à l'étranger.
   (C) les Lyonnais.
   (D) les Finlandais et les Russes.

9. Actuellement, on ne considère pas la situation catastrophique
   (A) parce qu'on n'a recensé aucun cas de rage humaine en France depuis 1928.
   (B) parce que la maladie n'est pas contractée sur le territoire français.
   (C) parce qu'on peut suivre un traitement antirabique d'urgence.
   (D) parce qu'on a le vaccin antirabique.

10. Le but principal de cet article est
    (A) de renseigner le grand public du problème menaçant de la rage.
    (B) de documenter plusieurs cas de rage européenne.
    (C) d'encourager le grand public à se faire vacciner contre la rage.
    (D) d'encourager la chasse aux renards.

Sitôt qu'on avait traversé l'atelier et franchi la porte du fond, on apercevait l'oranger. L'arbre, si je le compare aux géants de nos forêts, n'était pas très grand, mais il tombait de sa masse de feuilles vernissées une ombre compacte, qui éloignait la chaleur. Quand il fleurissait, une odeur entêtante se répandait sur toute la concession. Quand apparaissaient les fruits, il nous était tout juste permis de les regarder: nous devions attendre patiemment qu'ils fussent mûrs. Mon père alors qui, en tant que chef de famille — et chef d'une innombrable famille — gouvernait la concession, donnait l'ordre de les cueillir. Les hommes qui faisaient cette cueillette apportaient au fur et à mesure les paniers à mon père, et celui-ci les répartissait entre les habitants de la concession, ses voisins et ses clients; après quoi il nous était permis de puiser dans les paniers, et à discretion! Mon père donnait facilement et même avec prodigalité: quiconque se présentait partageait nos repas, et comme je ne mangeais guère aussi vite que ces invités, j'eusse risqué de demeurer éternellement sur ma faim, si ma mère n'eût pas pris la précaution de réserver ma part.

— Mets-toi ici, me disait-elle, et mange, car ton père est fou.

Elle ne voyait pas d'un trop bon œil ces invités, un peu bien nombreux à son gré, un peu bien pressés de puiser dans le plat. Mon père, lui, mangeait fort peu: il était d'une extrême sobriété.

Nous habitions en bordure du chemin de fer. Les trains longeaient la barrière de roseaux tressés qui limitait la concession, et la longeaient à vrai dire de si près, que des flammèches, échappées de la locomotive, mettaient parfois le feu à la clôture; et il fallait se hâter d'éteindre ce début d'incendie, si on ne voulait pas voir tout flamber. Ces alertes, un peu effrayantes, un peu divertissantes, appelaient mon attention sur le passage des trains; et même quand il n'y avait pas de trains — car le passage des trains, à cette époque, dépendait tout entier encore du trafic fluvial, et c'était un trafic des plus irréguliers — j'allais passer de longs moments dans la contemplation de la voie ferrée. Les rails luisaient cruellement dans une lumière que rien, à cet endroit, ne venait tamiser. Chauffé dès l'aube, le ballast de pierres rouges était brûlant; il l'était au point que l'huile, tombée des locomotives, était aussitôt bue et qu'il n'en demeurait seulement pas trace. Est-ce cette chaleur de four ou est-ce l'huile, l'odeur d'huile qui malgré tout subsistait, qui attirait les serpents? Je ne sais pas. Le fait est que souvent je surprenais des serpents à ramper sur ce ballast cuit et recuit par le soleil; et il arrivait fatalement que les serpents pénétrassent dans la concession.

1. Le point de vue dans ce texte est celui
   (A) d'un enfant.
   (B) d'un pompier.
   (C) d'un chef de tribu.
   (D) d'un marchand de fruits.

2. Une autre fonction de l'oranger était
   (A) de bloquer le soleil.
   (B) de répandre l'arôme de ses fruits.
   (C) de servir comme point de comparaison.
   (D) de marquer le seuil ou la frontière de la concession.

3. Quels sens le passage concernant l'oranger évoque-t-il?
   (A) Vue et odorat.
   (B) Vue et ouïe.
   (C) Vue, ouïe et odorat.
   (D) Odorat, ouïe et toucher.

4. Pourquoi le narrateur n'aimait-il pas dîner avec les invités?
   (A) Il n'y avait pas assez de fruits cueillis.
   (B) Il ne mangeait pas assez vite.
   (C) Il n'aimait pas les oranges.
   (D) Il lui fallait que quelqu'un lui mette son plat à part.

5. Pourquoi la mère dit-elle que le père est fou?
   (A) Il offrait à manger des oranges qui n'étaient pas mûres.
   (B) Il invitait tout le monde à partager le repas familial.
   (C) Il permettait de puiser dans les paniers.
   (D) Il mangeait fort peu.

6. Le chemin de fer menaçait la concession parce que
   (A) les locomotives mettaient parfois le feu à la barrière de roseaux.
   (B) les voies limitaient le village.
   (C) les trains attiraient l'attention des enfants.
   (D) les trains écrasaient les serpents qui rampaient sur les voies.

7. Quel rôle le père jouait-il dans la récolte des oranges?
   (A) Il répartissait les fruits entre les gens.
   (B) Il gouvernait la concession.
   (C) Il attendait que les fruits soient mûrs.
   (D) Il arrangeait le repas pour les récolteurs.

8. Selon l'auteur, l'horaire des trains correspondait
   (A) à la récolte.
   (B) au temps qu'il faisait.
   (C) à la circulation sur la rivière.
   (D) à la disponibilité des locomotives.

9. Ce qui attirait l'attention du narrateur aux trains était
   (A) leur régularité de passage.
   (B) les incendies fréquents.
   (C) les odeurs qui en venaient.
   (D) sa peur de la voie ferrée.

10. Qu'est-ce qui arrivait à l'huile que laissaient les locomotives?
    (A) On la buvait.
    (B) Elle brûlait.
    (C) Elle était absorbée par le ballast.
    (D) Elle permettait aux serpents de ramper.

11. D'après ce passage, le père est représenté comme un homme
    (A) sévère et ivre de pouvoir.
    (B) travailleur et prodigieux.
    (C) équitable et généreux.
    (D) frugal et judicieux.

12. Qu'est-ce qui formait la frontière de la concession?
    (A) La voie ferrée.
    (B) Les pierres rouges.
    (C) Les roseaux tressés.
    (D) Les orangers.

C'est une devinette à 900 et quelques francs: quel est le programme qui s'installe sur un compatible MS-DOS en moins de cinq minutes et que l'on peut utiliser dix minutes
(5) plus tard, le plus simplement du monde? Réponse: Hugo Plus, un correcteur d'orthographe qui nous arrive tout droit du pays des puristes de la langue française — le Canada. Il fallait s'y attendre: Hugo Plus va
(10) plus loin que tous les autres programmes du même genre que l'on trouve sur les compatibles MS-DOS: il est — à notre connaissance — le seul qui soit capable de signaler une erreur dans les accords entre
(15) noms, adjectifs et verbes. Essayez donc d'écrire «La la poids pèsent lour»! Hugo commence par vous faire remarquer que vous avez fait un doublon. Poli, il vous laisse le soin de corriger tout seul s'il s'agit d'une
(20) vraie faute, ou de laisser si le doublon est voulu. En revanche, il ne vous pardonne pas «la» et «poids» — sauf si vous insistez. Enfin, «lour» il refuse absolument — et vous propose «cour», «jour», «four», «loue». Ou
(25) «lourd». À moins, là encore, que vous n'insistiez. Dans ce cas, vous pouvez incorporer le mot nouveau à un dictionnaire qu'en l'occurrence vous créez, et que vous pourrez réutiliser en toutes circonstances. Un
(30) exemple: vous êtes avocat. Les termes de la législation sont nombreux et spécifiques. Vous les placez une fois pour toutes dans un dictionnaire que vous appellerez — toujours par exemple — «Lex». Eh bien, chaque fois
(35) que vous en aurez besoin, vous pourrez l'utiliser. Car le point faible de Hugo — il en a un — c'est de partir avec un vocabulaire assez pauvre (35 000 termes). Il ignore, notamment, tous les noms propres. Mais c'est
(40) aussi sa force, puisqu'il s'enrichit à volonté, au gré des besoins de chacun. Enfin, deux autres très bons points: le programme n'est pas spécifique d'un traitement de texte en particulier, mais des principaux
(45) (WordPerfect, Word, etc.). Et, dans tous les cas, accepte les textes sans format (Ascii pour les spécialistes). Enfin, Hugo connaît la conjugaison par cœur. Et vous le fait savoir.

1. Cet article offre une critique
   (A) des ordinateurs.
   (B) d'un logiciel.
   (C) d'une devinette.
   (D) des complexités de l'orthographe française.

2. Hugo Plus peut répondre à tous les besoins suivants *sauf*
   (A) de corriger les fautes d'orthographe.
   (B) de vérifier la conjugaison d'un verbe.
   (C) de veiller à l'accord entre nom et adjectif.
   (D) de normaliser la ponctuation.

3. Le programme Hugo Plus se montre utile
   (A) surtout aux avocats.
   (B) aux poètes cherchant la rime.
   (C) aux puristes de la langue française.
   (D) aux traiteurs de texte.

4. Ce qui fait ressortir Hugo Plus des autres programmes est le fait qu'il peut
   (A) enrichir son dictionnaire lui-même.
   (B) s'installer en moins de cinq minutes.
   (C) signaler une erreur dans les accords.
   (D) offrir des rimes.

5. Le programme refuse le mot *lour*
   (A) parce que ce mot ne s'accorde pas au féminin signalé par *la*.
   (B) parce qu'il ne reconnaît pas ce mot.
   (C) parce que c'est un doublon.
   (D) parce qu'il ne sait pas s'il s'agit d'une vraie faute.

6. À la ligne 21, que peut-on substituer à l'expression «en revanche»?
   (A) Autrement.
   (B) Pourtant.
   (C) Au contraire.
   (D) Par contre.

7. D'après ce passage, on dirait que le critique
   (A) chante les louanges de Hugo Plus.
   (B) admet que Hugo Plus est bon, mais signale quelques problèmes.
   (C) accepte que Hugo Plus peut résoudre les problèmes des poètes.
   (D) croit que Hugo Plus est difficile à apprendre.

Bien que la plupart des pays d'Afrique aient officiellement interdit la chasse à l'éléphant, quelque 100 000 spécimens sont massacrés chaque année sur ce continent. À
(5) ce rythme, l'espèce entière sera exterminée avant la fin du siècle.

Les «besoins» en ivoire de pays comme le Japon et Hong-Kong, qui fabriquent des statuettes et des bijoux ensuite vendus en
(10) Europe et en Amérique, expliquent la poursuite d'un tel massacre: ils offrent en effet des débouchés aux bandes de trafiquants qui utilisent des filières très organisées pour écouler cet «or blanc».

(15) Que faire pour mettre fin à l'extermination des éléphants? Traquer les contrebandiers à l'échelle du continent africain s'avère une mission impossible. En effet, si certains pays comme le Burkina
(20) Fasso, le Togo ou le Zaïre se montrent réellement désireux d'arrêter le massacre, il en est de moins scrupuleux: le Soudan, par exemple, où l'exportation d'ivoire est théoriquement interdite depuis 1983, a
(25) déclaré la vente de 13 000 défenses en 1986 et de 21 500 en 1987. Cette même année, l'Afrique du Sud exportait 14 000 défenses: comme son cheptel d'éléphants n'est que de 8 200 bêtes, on peut penser qu'elle a
(30) «blanchi» de l'ivoire «trouvé» — c'est le terme officiel — en Zambie ou en Namibie.

Tarir toute incitation au commerce de l'ivoire constitue donc le seul moyen de sauver l'éléphant d'Afrique. Les
(35) consommateurs ont ici un rôle à jouer en refusant d'acheter tous les objets de cette nature. C'est une règle économique imparable: quand on supprime la demande, on étouffe l'offre par ricochet.

(40) Mais il faut aller plus loin et proclamer immédiatement une «amnistie pour les éléphants»: tous les États et organismes membres de la CITES (Convention sur le commerce international des espèces sauvages
(45) menacées d'extinction) doivent décréter que l'éléphant d'Asie appartient à une expèce dont le commerce international est désormais interdit sous toutes ses formes.

Une telle mesure a déjà fait la preuve de
(50) son efficacité: en 1927, la Société nationale pour la protection de la nature avait obtenu l'interdiction de la chasse «commerciale» aux éléphants. Retrouvant des conditions de vie paisibles, ces mammifères s'étaient multipliés

(55) au rythme de 5 à 7% par an. Un taux de reproduction remarquable qui permet de penser que vingt à trente années suffiraient pour reconstituer un magnifique troupeau de 3 millions de têtes, l'éléphant n'ayant pas
(60) d'autre ennemi que... l'homme.

1. La demande importante de l'or blanc a pour résultat
   (A) l'organisation des trafiquants.
   (B) la formation d'une filière.
   (C) la disparition des éléphants.
   (D) des bijoux vendus en Europe et aux États-Unis.

2. Selon le passage, l'or blanc représente
   (A) la drogue.
   (B) l'ivoire.
   (C) l'or travaillé.
   (D) des bijoux magnifiques.

3. Beaucoup de pays essaient d'arrêter le massacre, mais il y en a quelques-uns qui ne suivent pas les règles du jeu tels que
   (A) le Soudan.
   (B) le Togo.
   (C) le Zaïre.
   (D) le Japon.

4. Le terme officiel «blanchir de l'ivoire trouvé», utilisé en Zambie et en Namibie, veut dire que c'est de l'ivoire
   (A) de contrebande.
   (B) nettoyé de ses impuretés.
   (C) pur et très cher.
   (D) jauni et décoloré.

5. Pour pouvoir faire grâce aux éléphants d'Asie et d'Afrique, les êtres humains ne doivent plus
   (A) supprimer la demande.
   (B) inciter le commerce de la matière.
   (C) refuser la sculpture d'ivoire.
   (D) voyager en Afrique et en Asie.

6. D'après le passage, par «un cheptel» (ligne 28) l'auteur veut dire
   (A) une statuette d'éléphant sculptée en ivoire.
   (B) toutes les défenses d'éléphants.
   (C) un troupeau d'animaux.
   (D) une association pour sauvegarder les éléphants.

7. Seul l'homme peut empêcher l'extinction des éléphants en
   (A) interdisant toutes chasses commerciales et privées.
   (B) faisant beaucoup de statistiques.
   (C) les aidant à retrouver leur rythme.
   (D) étant membre de la CITES.

8. Dans le passage, quand l'auteur dit «par ricochet» (ligne 39), il implique
   (A) directement.
   (B) par contrecoup.
   (C) par accident.
   (D) difficilement.

À Paris et dans d'autres grandes villes surpeuplées, l'éducation physique des élèves se pratique par autosuggestion. Deux fois par semaine, les écoliers sont réunis dans les
(5) anciennes salles de gymnastique devenues trop étroites. Assis par terre, serrés les uns contre les autres, figés dans une immobilité quasi-totale, ils suivent du regard un film en couleurs qui montre pendant quarante
(10) minutes le déroulement normal d'une leçon d'éducation physique d'antan. Installé derrière un petit bureau, le professeur de gymnastique commente le spectacle au micro. Sa présence et sa voix sont indispensables à
(15) l'autosuggestion. «Nous allons sauter», dit-il sans broncher. «Un, deux, trois, quatre... Un deux, trois, quatre... Bravo... Reprenez votre souffle... »
Selon un éminent psychopédagogue
(20) allemand inventeur de la méthode, la culture physique par autosuggestion a été la solution de sauvegarde pour la France sous-équipée et n'ayant jamais nulle part de place suffisante pour les ébats de sa jeunesse.
(25) La gymnastique par autosuggestion exclut le moindre mouvement. Grâce à elle, selon la théorie, les muscles s'étoffent, les cellules s'enrichissent, les tendons s'assouplissent, les pédoncules cérébraux eux-
(30) mêmes, mis en condition par l'image et le son, sont susceptibles de transmettre des ordres de régénération aux tissus.
Le film se termine dans des éclats de rire et des cries de joie par une partie de ballon
(35) sur un pré verdoyant. Ici, l'Allemand s'était heurté à une difficulté imprévisible. Surexcités par l'idée du jeu en plein air, les enfants immobiles étaient, malgré l'entraînement psychique, parcourus de
(40) frémissements et en proie à des tressaillements musculaires. Après réflexion, le psychopédadogue avait suggéré l'application immédiate du système de Gyrin qui consiste à être assis, les jambes nouées et
(45) les plantes des pieds collées l'une contre l'autre. Dans cette attitude, le moindre mouvement provoque une vive douleur.
«Les sujets les plus rebelles à l'autosuggestion s'efforcent d'éviter la

(50) douleur. La souffrance garantit l'immobilité», avait déclaré le psychopédagogue.
Cette phrase clef l'avait fait élire à l'Académie des Sciences Futures.

1. La gymnastique par autosuggestion est une méthode
   (A) de l'avenir.
   (B) moderne.
   (C) démodée.
   (D) devenue trop étroite.

2. Où se pratique la gymnastique autosuggestive?
   (A) En salle.
   (B) En plein-air.
   (C) Au spectacle.
   (D) Dans un auditorium.

3. Pendant le cours de gymnastique, que fait le professeur?
   (A) Il saute avec les élèves.
   (B) Il souffre beaucoup.
   (C) Il distribue des ballons.
   (D) Il est installé à son bureau.

4. La gymnastique par autosuggestion est excellente, parce qu'elle
   (A) stimule tout le corps sans aucun mouvement.
   (B) stimule tous les muscles grâce à l'observation.
   (C) ne stimule que les éléments importants du corps humain.
   (D) ne stimule que le participant endormi.

5. Cette nouvelle méthode est infaillible *sauf* sur un point:
   (A) Les pédoncules cérébraux ne transmettaient plus d'images.
   (B) Les enfants étaient pris de tremblements en regardant jouer d'autres enfants.
   (C) La pensée était bloquée.
   (D) Le système de Gyrin était faux.

6. À la ligne 11, avec quelle expression peut-on remplacer «d'antan»?
   (A) D'un autre lieu.
   (B) D'autrefois.
   (C) Télévisée.
   (D) En direct.

7. Le besoin de la gymnastique par autosuggestion répond au problème
   (A) du manque d'espace.
   (B) de faiblesse chez les jeunes.
   (C) d'oisiveté.
   (D) d'antipathie envers l'éducation physique.

8. Les bénéfices de la gymnastique par autosuggestion sont transmis par
   (A) les tendons.
   (B) les cellules.
   (C) les pédoncules cérébraux.
   (D) tous les muscles.

«Le cinéma doit être *bigger than life*» (plus grand que la vie), dit le droit canon hollywoodien. Ridley Scott traduit: monumental. Tous ses décors sont bâtis comme des cathédrales, cathédrales industrielles (le vaisseau spatial d'*Alien*, l'immense building de *Blade Runner*); cathédrale naturelle, bien que construite en studio (la forêt de *Legend*); cathédrale domestique (l'appartement de *Traquée*). Pour *Black Rain*, Scott transforme des morceaux de Japon en temple du futur, doté d'une nef commerciale (gigantesque shopping-center aux vitraux publicitaires) et d'une crypte industrielle (hauts fourneaux filmés comme les forges de Vulcain). Dans ce temple aux dimensions surhumaines, dont les servants (les Japonais) obéissent à des rites incompréhensibles, il introduit un mécréant: un flic de base (Michael Douglas) venu traquer un gangster nippon, et complètement dépassé par les événements. De ce contraste, le réalisateur tire tout le spectaculaire qui occupe l'écran cent vingt-cinq minutes durant, remplissant à la lettre son contrat d'expert ès images choc.

À l'autre bout de la chaîne, il y avait un «concept», comme disent les publicitaires: transporter un détective new-yorkais au Japon. Idée riche en sous-entendus et en métaphores. Mais, entre le «concept» et le «filmage», il n'y a rien. Un grand vide, creusé par l'absence de psychologie, la fuite dans les clichés, le manque d'invention des situations et des péripéties. Sur ce néant, la trame primaire de n'importe quel téléfilm policier jette un branlant pont de singes. Donc, le second du héros sera descendu, le bon Japonais et le bon Américain finiront par s'unir par-delà les différences-de-mœurs-et-de-mentalités, les méchants seront occis après absorption de la dose prescrite de coups de pétoire et de poursuites à moto.

Conçu par des malins, exécuté par un spécialiste, *Black Rain* est à la fois efficace et difforme, avec son imagerie hypertrophiée et animée d'un mouvement hystérique destinée à masquer le manque de développement de son principe vital.

1. Selon le passage, en tant que réalisateur, Ridley Scott
   (A) traduit des films.
   (B) surveille la préparation de tout décor.
   (C) remplit son contrat d'expert.
   (D) dépasse la limite des normes hollywoodiennes.

2. Dans ce passage l'auteur emploie le mot «cathédrale» dans le sens
   (A) de décor industriel.
   (B) de temple japonais.
   (C) de studio monumental.
   (D) d'immense édifice.

3. Selon l'article, pour *Black Rain*, Scott a créé
   (A) le Japon de l'avenir.
   (B) un canon hollywoodien.
   (C) une énorme pagode japonaise.
   (D) plusieurs cathédrales.

4. Selon l'auteur, avec *Black Rain*, Ridley Scott
   (A) a échoué dans sa représentation.
   (B) s'est montré expert en films.
   (C) a développé une intrigue fascinante.
   (D) a réussi à tout unir.

5. Selon le critique, *Black Rain* connaît tous les problèmes suivants *sauf*
   (A) une absence de psychologie.
   (B) une idée usée et terne.
   (C) une abondance de clichés.
   (D) un scénario fade.

6. Le critique prétend que le film
   (A) suit une formule établie.
   (B) dépasse le spectaculaire.
   (C) manque d'intérêt.
   (D) unira les mentalités japonaise et américaine.

7. Selon l'auteur, les grands efforts spectaculaires
   (A) enrichissent un film déjà merveilleux.
   (B) ne servent qu'à dissimuler le manque de fond dans le film.
   (C) animent le développement du film.
   (D) traduisent bien le «concept».

Debout devant l'armoire, en face des fenêtres, le docteur Pascal cherchait une note, qu'il y était venu prendre. Grande ouverte, cette immense armoire de chêne sculpté, aux fortes et belles ferrures, datant du dernier siècle, montrait sur ses planches, dans la profondeur de ses flancs, un amas extraordinaire de papiers, de dossiers, de manuscripts, s'entassant, débordant, pêle-mêle. Il y avait plus de trente ans que le docteur y jetait toutes les pages qu'il écrivait, depuis les notes brèves jusqu'aux textes complets de ses grands travaux sur l'hérédité. Aussi les recherches n'y étaient-elles pas toujours faciles. Plein de patience, il fouillait, et il eut un sourire, quand il trouva enfin.

Un instant encore, il demeura près de l'armoire, lisant la note, sous un rayon doré qui tombait de la fenêtre du milieu. Lui-même, dans cette clarté d'aube, apparaissait, avec sa barbe et ses cheveux de neige, d'une solidité vigoureuse bien qu'il approchât de la soixantaine, la face si fraîche, les traits si fins, les yeux restés limpides, d'une telle enfance, qu'on l'aurait pris, serré dans son veston de velours marron, pour un jeune homme aux boucles poudrées.

«Tiens! Clotilde, finit-il par dire, tu recopieras cette note. Jamais Ramond ne déchiffrerait ma satanée écriture.»

Et il vint poser le papier près de la jeune fille, qui travaillait debout devant un haut pupitre, dans l'embrasure de la fenêtre de droite.

1. L'armoire du docteur Pascal montre qu'il est
   (A) méticuleux.
   (B) patient.
   (C) distrait.
   (D) désorganisé.

2. D'après la description, on peut déduire
   (A) qu'il fait du vent.
   (B) qu'il neige.
   (C) qu'il fait du soleil.
   (D) que le soleil se couche.

3. Le docteur Pascal a trouvé la note,
   (A) parce qu'il savait où il l'avait mise.
   (B) après avoir fouillé dans des papiers.
   (C) avec l'aide de Clotilde.
   (D) dans un grand texte sur l'hérédité.

4. Le docteur veut une copie d'une note
   (A) qu'il vient d'écrire.
   (B) qu'il ne peut pas trouver.
   (C) parce que son écriture est affreuse.
   (D) parce qu'il craint de la perdre de nouveau.

5. Quel âge aura le docteur Pascal?
   (A) 30 ans.
   (B) 50 ans.
   (C) 60 ans.
   (D) 70 ans.

6. Un des buts principaux de ce passage est
   (A) d'apprendre au lecteur l'avantage du manque d'organisation.
   (B) d'offrir au lecteur un portrait du docteur Pascal.
   (C) de souligner pour le lecteur l'importance de la note.
   (D) d'établir pour le lecteur les rapports entre le docteur et Clotilde.

7. Physiquement, le docteur Pascal a l'air
   (A) vieux et fatigué.
   (B) jeune et en vie.
   (C) faible et maladif.
   (D) fatigué et frêle.

Peter Brook fait honte à tous les metteurs en scène d'aujourd'hui, à tous ces metteurs en scène qui ont besoin, pour se signaler à l'attention du public, de décors monumentaux, d'innombrables comédiens, de lumières époustouflantes, de brouillards asphyxiants, de pénombres mélodramatiques.

Peter Brook, avec très exactement les moyens contraires, c'est-à-dire avec une insolente absence de moyens, réussit presque toujours ce qu'ils ne réussissent presque jamais: créer une atmosphère, une communion des êtres, une fraternité de l'attention, où chaque signe, chaque geste, est comme une marque de reconnaissance et d'amitié.

Il était bien le seul à pouvoir monter sans malaise «Woza Albert!», qui a été écrit par des Noirs, Percy Mtwa, Mbogeni Ngema, qui est joué par des Noirs, Mamadou Dioume, Bakary Sangaré, et qui s'adresse d'abord à des Noirs — ne serait-ce qu'au Noir qui est en nous.

Certes, un Blanc, Barney Simon, a participé à l'élaboration de la pièce, sans doute, un autre Blanc, Jean-Claude Carrière, l'a traduite, mais cette pièce n'est pas une affaire de Blancs. C'est un regard que les Noirs portent sur un drame, sur un scandale de l'apartheid, qui les concernent seuls, dont ils sont les seules victimes, dont ils supportent seuls le poids.

Les Blancs aussi indignés soient-ils, ne sont que spectateurs. Et c'est des Noirs que parle «Woza Albert!», de leur existence, de leurs espoirs, de leurs colères, de leurs rêves, de la condition qui leur est faite, et de la révolte qui s'y tient. Il ne s'agit point ici de piquer la mauvaise conscience des Blancs. Tout ce qui est dit, montré, demeure personnel, intime, et, jusque dans le malheur, on sent un bonheur d'être qui rend ce malheur encore plus supportable.

Toujours Brook part de l'enfance, de cette enfance qui, de tout objet, de toute chose, fait matière à songes, modifiant apparence et écorce, créant la magie par quoi tout est possible. Ainsi Mamadou Dioume et Bakary Sangaré attendent-ils le Christ à Soweto en vendant des poulets qui ne sont que du papier froissé. Brook nous prouve que cette réalité est l'essence même du mirage. Mais — hélas — ce n'est que théâtre.

1. «Woza Albert!» est une histoire qui s'adresse principalement
   (A) à un public spécialement Blanc.
   (B) à personne en particulier.
   (C) à tous les metteurs en scène.
   (D) à un public spécialement Noir.

2. Peter Brook fait honte aux autres metteurs-en-scène
   (A) car il a besoin de se signaler à l'attention du public.
   (B) car il se montre époustouflant et mélodramatique.
   (C) car il crée son atmosphère sans grands efforts de technique.
   (D) car il s'adresse aux Noirs.

3. Brook était le seul à pouvoir monter sans malaise «Woza Albert!»
   (A) à cause de sa marque de reconnaissance.
   (B) à cause de ses moyens contraires à ceux des autres metteurs-en-scène.
   (C) car les autres ne réussissent presque jamais.
   (D) à cause de ses liens étroits avec les Noirs.

4. Selon l'article, «Woza Albert!» s'adresse à des Noirs, mais
   (A) a été développé par des Blancs.
   (B) s'adresse plutôt à l'expérience Noire que nous connaissons tous.
   (C) des Blancs y ont collaboré.
   (D) c'est une affaire de Blancs.

5. Selon la critique, le thème principal de «Woza Albert!» touche
   (A) la mauvaise conscience des Blancs.
   (B) à la vie et à la culture africaines.
   (C) à une marque d'amitié.
   (D) le scandale de l'apartheid.

6. Selon la pièce, le scandale de l'apartheid
   (A) connaît des victimes mondiales.
   (B) concerne tous ceux qui en supportent le poids.
   (C) concerne seulement les Noirs.
   (D) porte sur un drame.

7. Peter Brook prouve que la réalité est l'essence du mirage, parce qu'il
   (A) modifie les colères.
   (B) remonte aux sources de l'enfance.
   (C) crée des chansons magiques.
   (D) a besoin de sang et de muscle.

8. Brook crée une magie
   (A) possible.
   (B) modifiée en apparance.
   (C) qui remonte à l'enfance.
   (D) de toute chose.

9. Selon l'article, Brook réussit
   (A) car la réalité prend forme grâce au mirage.
   (B) car il prouve la réalité.
   (C) car la pièce demeure personnelle.
   (D) car des acteurs vendent les poulets.

L'élève pâle contourna le groupe et se
fraya une route à travers les projectiles.

Il cherchait Dargelos. Il l'aimait.

Cet amour le ravageait d'autant plus
(5) qu'il précédait la connaissance de l'amour.
C'était un mal vague, intense, contre lequel il
n'existe aucun remède, un désir chaste sans
sexe et sans but.

Dargelos était le coq du collège. Il
(10) goûtait ceux qui le bravaient ou le
secondaient. Or, chaque fois que l'élève pâle
se trouvait en face des cheveux tordus, des
genoux blessés, de la veste aux poches
intrigantes, il perdait la tête.

(15) La bataille lui donnait du courage. Il
courrait, il rejoindrait Dargelos, il se battrait,
le défendrait, lui prouverait de quoi il était
capable.

La neige volait, s'écrasait sur les
(20) pèlerines, étoilait les murs. De place en place,
entre deux nuits, on voyait le détail d'une
figure rouge à la bouche ouverte, une main
qui désigne un but.

Une main désigne l'élève pâle qui titube
(25) et qui va encore appeler. Il vient de
reconnaître, debout sur un perron, un des
acolytes de son idole. C'est cet acolyte qui le
condamne. Il ouvre la bouche «Darg... »;
aussitôt la boule de neige lui frappe la
(30) bouche, y pénètre, paralyse les dents. Il a
juste le temps d'apercevoir un rire et, à côté
du rire, au milieu de son état-major, Dargelos
qui se dresse, les joues en feu, la chevelure en
désordre, avec un geste immense.

(35) Un coup le frappe en pleine poitrine. Un
coup sombre. Un coup de poing de marbre.
Un coup de poing de statue. Sa tête se vide. Il
devine Dargelos sur une espèce d'estrade, le
bras retombé, stupide, dans un éclairage
(40) surnaturel.

Il gisait par terre. Un flot de sang
échappé de la bouche barbouillait son menton
et son cou, imbibait la neige. Des sifflets
retentirent. En une minute la cité se vida.
(45) Seuls quelques curieux se pressaient autour
du corps et, sans porter aucune aide,
regardaient avidement la bouche rouge.
Certains s'éloignaient, craintifs, en faisant
claquer leurs doigts; ils avançaient une lippe,
(50) levaient les sourcils et hochaient la tête;
d'autres rejoignaient leurs sacs d'une
glissade. Le groupe de Dargelos restait sur
les marches du perron, immobile. Enfin le
censeur et le concierge du collège apparurent,
(55) prévenus par l'élève que la victime avait
appelé Gérard en entrant dans la bataille. Il
les précédait.

1. Où se déroule l'action?
(A) Dans un champ de neige.
(B) Sur un terrain de guerre.
(C) Dans la cour d'une école.
(D) Dans une forêt.

2. Lorsque l'auteur décrit Dargelos comme «le
coq du collège», cela veut dire que c'est
(A) lui qui entraîne les autres.
(B) l'élève le plus doué.
(C) l'élève le plus faible.
(D) lui qui se charge des batailles.

3. L'élève pâle cherche Dargelos pour
(A) lui dire qu'il l'aime.
(B) pouvoir se faire apprécier.
(C) l'admirer travailler.
(D) lui donner un coup de poing.

4. D'après ce passage, le lecteur comprend que
les enfants
(A) font du sport d'hiver.
(B) se respectent les uns les autres.
(C) se détestent.
(D) se battent à coup de boules de neige.

5. Un «acolyte» (ligne 27) semble être
(A) un servant à l'église.
(B) un camarade.
(C) celui qui prépare les boules de neige.
(D) celui qui choisit les victimes.

6. L'élève pâle est frappé par
(A) le censeur.
(B) Dargelos lui-même.
(C) un membre du groupe de Dargelos.
(D) un coq.

7. D'après le passage, on peut déduire que
l'élève pâle est
(A) faible et maladif.
(B) un autre coq du collège.
(C) beaucoup plus fort que l'on ne pensait.
(D) robuste, mais lâche.

8. Le seul qui vienne à l'aide de l'élève pâle était
(A) Gérard.
(B) Dargelos.
(C) un acolyte de Dargelos.
(D) un curieux.

9. Après la bataille, le lieu se vide parce que
   (A) Gérard arrive.
   (B) les enfants font claquer leurs doigts.
   (C) le censeur arrive.
   (D) les enfants ont peur.

10. Le ton de ce passage est
    (A) triste et angoissant.
    (B) optimiste.
    (C) terne et vu de loin.
    (D) ennuyant.

Le temps a laissé son manteau
De vent, de froidure et de pluie,
Et s'est vêtu de broderie,
De soleil luisant, clair et beau.

(5) Il n'y a bête, ni oiseau,
Qu'en son jargon ne chante ou crie:
Le temps a laissé son manteau!

Rivière, fontaine et ruisseau
Portent, en livrée jolie,
(10) Gouttes d'argent d'orfèvrerie,
Chacun s'habille de nouveau:
Le temps a laissé son manteau.

—Charles d'Orléans

1. Le poète chante l'arrivée
   (A) de l'été.
   (B) de l'hiver.
   (C) de l'automne.
   (D) du printemps.

2. Le poète exprime la richesse
   (A) de la nature.
   (B) d'un manteau.
   (C) du temps.
   (D) des bijoux.

3. Au vers 9, «livrée jolie» veut dire:
   (A) de l'eau.
   (B) un bijou.
   (C) un vêtement.
   (D) une bête.

4. Le poème donne au lecteur une impression
   (A) maussade.
   (B) joyeuse.
   (C) triste.
   (D) surnaturelle.

5. Dans ce poème, le poète compare le temps à
   (A) des bijoux.
   (B) un seigneur.
   (C) des vêtements.
   (D) la nature.

6. Les «gouttes d'argent» (ligne 10) font référence
   (A) aux bijoux.
   (B) à de l'eau.
   (C) aux cailloux dans les ruisseaux.
   (D) aux glaçons.

7. Le vers 11, «Chacun s'habille de nouveau», veut dire
   (A) que la nouvelle saison apporte un changement de parure.
   (B) qu'il y a assez de bijoux pour tout le monde.
   (C) qu'il va faire mauvais temps.
   (D) que les eaux viennent de tout laver.

Depuis quelques mois, Zénon avait pour frère infirmier un jeune Cordelier de dix-huit ans, qui remplaçait avantageusement l'ivrogne voleur de baumes dont on s'était

(5) débarrassé. Le frère Cyprien était un rustique entré au couvent dans sa quinzième année, qui savait à peine assez de latin pour répondre à la messe, et ne parlait que l'épais flamand de son village. On le surprenait

(10) souvent à chantonner des ritournelles qu'il avait dû apprendre en piquant les bœufs. Il lui restait des faibles puérils, tels que de plonger la main à la dérobée dans le bocal plein du sucre qui servait à adoucir les

(15) juleps. Mais ce garçon indolent avait une dextérité sans pareille pour poser un emplâtre ou enrouler un bandage; aucune plaie, aucune apostume ne l'effrayait ni ne le dégoûtait. Les enfants qui venaient au

(20) dispensaire aimaient son sourire. Zénon le chargeait de reconduire au logis les malades trop chancelants qu'il n'osait renvoyer seuls par la ville; le nez en l'air, jouissant du bruit et du mouvement de la rue, Cyprien courait

(25) de l'hospice à l'hôpital Saint-Jean, prêtant ou empruntant des médicaments, obtenant un lit pour quelque gueux qu'on ne pouvait laisser mourir à la dure, ou, faute de mieux, persuadant une dévote du quartier de

(30) recueillir ce dépenaillé. Au début du printemps, il se fit une affaire en volant des aubépines pour orner la Bonne Vierge placée sous l'arcade, le jardin du couvent n'étant pas encore en fleur.

1. Un avantage de l'arrivée de Cyprien à cette communauté est qu'il pourrait
   (A) apprendre le latin.
   (B) servir de cordelier.
   (C) se substituer à un homme incompétent.
   (D) se débarrasser de ses manières rustiques.

2. On voulait remplacer le premier infirmier
   (A) parce qu'il buvait trop et dérobait.
   (B) parce qu'il ne parlait pas flamand.
   (C) parce qu'il ne pouvait pas fabriquer de chaussures.
   (D) parce que c'était un mauvais infirmier.

3. Son caractère d'enfant se voit surtout quand Cyprien
   (A) vole du sucre.
   (B) pose un pansement.
   (C) adoucit les juleps.
   (D) chante des airs de campagne.

4. Parmi d'autres responsabilités du jeune infirmier, Zénon lui a demandé
   (A) de renvoyer des malades.
   (B) de construire un hospice.
   (C) de dérober des médicaments.
   (D) de trouver un logement pour certains patients.

5. Dans le texte, un synonyme de «dépenaillé» (ligne 30) est
   (A) chancelier.
   (B) mal vêtu.
   (C) dévote.
   (D) malade.

6. Cyprien trouve des lits pour ses malades
   (A) parmi les aubépines.
   (B) à la dure.
   (C) chez une dévote du quartier.
   (D) dans le couvent.

7. Le jeune infirmier montre son dévouement religieux
   (A) en volant des aubépines.
   (B) en décorant la statue de la Vierge.
   (C) en plaçant une statue de la Vierge dans le jardin du couvent.
   (D) en souriant aux enfants.

8. Dans ce passage, l'auteur dépeint le jeune Cyprien comme
   (A) un voleur excusable.
   (B) un infirmier incompétent.
   (C) un enfant intelligent.
   (D) un être simple.

Le choléra, sorti du delta du Gange en 1817, s'est propagé dans un espace de deux mille deux cents lieues, du nord au sud, et de trois mille cinq cents de l'orient à l'occident;
(5) il a désolé quatorze cent villes, moissonné quarante millions d'individus. On a une carte de la marche de ce conquérant. Il a mis quinze années à venir de l'Inde à Paris: c'est aller aussi vite que Bonaparte: celui-ci
(10) employa à peu près le même nombre d'années à passer de Cadix à Moscou, et il n'a fait périr que deux ou trois millions d'hommes.

Qu'est-ce que le choléra? Est-ce un vent mortel? Sont-ce des insectes que nous avalons
(15) et qui nous dévorent? Qu'est-ce que cette grande mort noire armée de sa faux, qui, traversant les montagnes et les mers, est venue comme une de ces terribles pagodes adorées aux bords du Gange nous écraser aux
(20) rives de la Seine sous les roues de son char? Si ce fléau fût tombé au milieu de nous dans un siècle religieux, qu'il se fût élargi dans la poésie des mœurs et des croyances populaires, il eût laissé un tableau frappant. Figurez-
(25) vous un drap mortuaire flottant en guise de drapeau au haut des tours de Notre-Dame, le canon faisant entendre par intervalles des coups solitaires pour avertir l'imprudent voyageur de s'éloigner, un cordon de troupes
(30) cernant la ville et ne laissant entrer ni sortir personne, les églises remplies d'une foule gémissante, les prêtres psalmodiant jour et nuit les prières d'une agonie perpétuelle, les cloches ne cessant de faire entendre le glas
(35) funèbre, les moines, un crucifix à la main, appelant dans les carrefours le peuple à la pénitence, prêchant la colère et le jugement de Dieu, manifestés sur les cadavres déjà noircis par le feu de l'enfer.
(40) Rien de tout cela: le choléra nous est arrivé dans un siècle de philanthropie, d'incrédulité, de journaux, d'administration matérielle. Ce fléau sans imagination n'a rencontré ni vieux cloîtres, ni religieux, ni
(45) caveaux, ni tombes gothiques; comme la terreur en 1793, il s'est promené d'un air moqueur à la clarté du jour, dans un monde tout neuf, accompagné de son bulletin, qui racontait les remèdes qu'on avait employés
(50) contre lui, le nombre de victimes qu'il avait faites, où il en était, l'espoir qu'on avait de le voir encore finir, les précautions qu'on devait prendre pour se mettre à l'abri, ce qu'il fallait manger, comment il était bon se vêtir. Et

(55) chacun continuait de vaquer à ses affaires, et les salles de spectacles étaient pleines. J'ai vu des ivrognes à la barrière assis devant la porte du cabaret, buvant sur une petite table de bois... et qui tombaient morts sous la
(60) table. Le choléra avait pourtant sa terreur: un brillant soleil, l'indifférence de la foule, le train ordinaire de la vie, qui se continuait partout, donnaient à ces jours de peste un caractère nouveau et une autre sorte
(65) d'épouvante. On sentait un malaise dans tous les membres; un vent du nord, sec et froid, vous desséchait; l'air avait une certaine saveur métallique qui prenait à la gorge.

1. Quelle semble être l'opinion de l'auteur envers Napoléon?
   (A) Il lui reproche la mort de beaucoup d'hommes.
   (B) Il l'admire beaucoup.
   (C) Il croit qu'il a beaucoup marché.
   (D) Il pense qu'il a fait trop de lieues.

2. Quel est le conquérant sorti de l'embouchure du Gange?
   (A) Bonaparte.
   (B) Cadix.
   (C) Une peste.
   (D) La colère de Dieu.

3. Que veut dire «moissonné» à la ligne 5?
   (A) Détruit.
   (B) Amassé.
   (C) Tué.
   (D) Employé.

4. La Mort est représentée avec
   (A) un drap mortuaire.
   (B) un drapeau en haut des tours de Notre-Dame.
   (C) une faux à la main.
   (D) un fléau à son côté.

5. Si on déchargeait le canon, ce serait
   (A) pour dévier le fléau de son entrée dans la ville.
   (B) pour avertir ceux qui s'approchent de la ville.
   (C) pour annoncer une autre mort.
   (D) pour faire dissiper la foule.

6. Un «cordon de troupes» évoque
   (A) des hommes alignés et serrés les uns contre les autres.
   (B) une grande et grosse corde.
   (C) des hommes portant des cierges.
   (D) des religieux qui prient et chantent.

7. Dans le tableau du siècle religieux (deuxième paragraphe), on trouve toutes les images suivantes *sauf*
   (A) le son des cloches.
   (B) la quarantaine.
   (C) une procession de pénitents.
   (D) des sermons.

8. Malgré toutes les précautions connues et appliquées, le choléra est arrivé à Paris
   (A) en 1793.
   (B) en 1832.
   (C) en 1817.
   (D) en 1815.

9. Comment est-ce que les citadins accueillent le choléra?
   (A) Avec une ferveur religieuse.
   (B) Avec indifférence.
   (C) Avec prudence.
   (D) Avec épouvante.

10. Le choléra est entré dans la ville
    (A) avec les soldats de l'Inde.
    (B) dans un char.
    (C) pendant un siècle peu religieux.
    (D) dans la poésie des mœurs.

11. Dans le bulletin (au quatrième paragraphe) on pourrait trouver tous les articles suivants *sauf*
    (A) les programmes des salles de spectacles.
    (B) un régime préventif.
    (C) des récommendations sur l'habillement.
    (D) le taux des morts.

Je sais que vous êtes une classe pas
intéressante, dit Mademoiselle Bell, virgule,
une douleur silencieuse étouffa la suite de
son discours et dans un soupir inaudible la
(5) Cinquième D mourut à jamais à
Mademoiselle Bell, qui ne s'en aperçut pas.

C'était le premier jour. Le second, ni les
suivants, elle ne s'en aperçut davantage: la
classe était, comme prévu, pas intéressante,
(10) voilà tout. Un instant, suspendu, le chahut
avait repris son cours habituel.

Dans une totale solitude, Mademoiselle
Bell arpentait les cimes de l'Explication de
Textes, et, durant, les enfants vivaient leur
(15) vie, menaient des conversations particulières,
bougeaient, se passaient des petits papiers.
Les rappels à l'ordre restaient sans écho.
Mademoiselle Bell avait l'impression de
parler à un puits sans fond, et un léger
(20) vertige. Personne ne s'occupait d'elle. Même
les rires ne la visaient pas.

Les interrogations étaient des coq-à-l'âne,
les réponses ne servaient qu'à amuser la
galerie, les devoirs aberraient loin des
(25) données. Débiles, vraiment débiles, soupirait
Mademoiselle Bell dispensant des zéros —
quoi d'autre? Le premier billet qu'elle se fit
apporter disait: «Qu'est-ce qu'on s'embête.»
Elle se vit incapable d'en donner
(30) publiquement lecture. C'était trop tristement
vrai. Une onde de plaisir salua son
dégonflage, et l'envoi rageur de billet, roulé
en boule, dans la corbeille, qu'il manqua.
«Vous êtes décidément une classe peu
(35) intéressante, dit-elle, continuons. Citez-moi
une fable de La Fontaine.» Les animaux
malades de la peste, dit Tobie.

— Tu sais ce qu'on va faire si elle le sort
une troisième fois? dit Régina à Grâce. J'ai
(40) une proposition du tonnerre.

Un billet passa, que Mademoiselle Bell
dédaigna d'intercepter. Elle souffrit une
abominable migraine, et attendait l'heure.
Cette classe la tuait.

1. À la ligne 2, le mot «virgule»
   (A) signifie une légère pause dans la lecture.
   (B) marque la fin d'une proposition.
   (C) fait une référence amusante aux dictées.
   (D) signifie que le professeur essaie
       d'enseigner la ponctuation.

2. Que la Cinquième D était une classe pas
   intéressante, résulte
   (A) d'une idée préconçue de Mademoiselle
       Bell.
   (B) de la douleur silencieuse.
   (C) de l'explication de textes.
   (D) du manque d'ambition parmi les élèves.

3. Après le premier jour, Mademoiselle Bell
   (A) expliquait des textes.
   (B) souffrait d'un léger vertige.
   (C) présentait ses leçons sans enthousiasme.
   (D) enseignait sans être écoutée.

4. Pendant les explications de textes,
   (A) Mademoiselle Bell cherchait une totale
       solitude.
   (B) les élèves faisaient autre chose.
   (C) les élèves essayaient de personaliser les
       textes.
   (D) on prenait des notes.

5. Pendant les explications de textes, les
   interrogations
   (A) étaient parfois amusantes.
   (B) suivaient un fil clair et logique.
   (C) étaient injustes, ce qui causait une
       multiplicité de zéros.
   (D) ne semblaient pas avoir un ordre logique.

6. Mademoiselle Bell trouva un billet
   (A) dont le rire la visait.
   (B) à laquelle elle prêtait beaucoup d'intérêt.
   (C) qui exprimait l'ennui de la leçon.
   (D) qui méritait, lui aussi, un zéro.

7. Lorsqu'elle se fit apporter le billet,
   Mademoiselle Bell ne pouvait pas le lire à
   haute voix parce qu'elle
   (A) était trop émue.
   (B) l'a trop vite jeté à la corbeille.
   (C) avait honte de la vérité exprimée.
   (D) se trouvait incapable de dérouler la
       boule.

8. Mademoiselle Bell veut une fable de La Fontaine
   (A) parce que la moralité de la fable souligne les événements de la classe.
   (B) pour faire apprendre à la classe une leçon de moralité.
   (C) pour réviser un texte où la classe a reçu des zéros.
   (D) pour continuer avec la leçon.

9. Lorsque Mademoiselle Bell a vu passer un autre billet, elle
   (A) n'y a pas fait attention.
   (B) l'a lu à la classe.
   (C) a attendu la fin de l'heure pour le lire.
   (D) a eu soudain mal à la tête.

Simone Signoret nous a laissé non seulement de jolis souvenirs de cinéma, mais encore le beau cadeau d'une vie. De toute une vie. Celle d'une mère courage ayant su, comme aucune autre actrice, donner des leçons de dignité.

Dignité de femme d'abord, lorsqu'elle accompagna son chanteur de mari lors d'une tournée en U.R.S.S., congelée par la guerre froide. Elle ne trouva, en effet, rien de mieux à faire, histoire de réchauffer l'ambiance réfrigérée du Kremlin lors d'un dîner officiel, que de questionner les vieux sur les goulags et la Hongrie.

Dignité de comédienne ensuite, lorsqu'elle fut sacrée meilleure actrice du cinéma occidental. Elle rafla en 1960 au double menton de trois stars hollywoodiennes la statuette dorée de l'Oscar pour son rôle de vieille fille mythomane dans *Les Chemins de la haute ville*. Simone trouva la consécration d'une carrière exceptionnelle, ayant commencé dans *Les Visiteurs du soir* et qui se poursuivit avec des rôles inoubliables. Dont celui sublime de *Casque d'or* en 1952. Celui, tout aussi symbolique, de Lise London au milieu des purges tchèques de *L'Aveu*. Et celui de cette Madame Rosa, peinturlurée comme une aquarelle impressionniste, dans *la Vie devant soi*. Dont le titre annonçait que l'actrice aux traits griffés par le temps et à l'ovale du menton arrondi arborait un visage qui rendait désormais compte des aléas de l'existence, des bonheurs du jour mais aussi des espoirs de lendemains qui continueraient à chantonner.

Digne toujours. Dignité d'écrivain aussi, rédigeant les plus lucides et les moins sots des bouquins d'acteurs sur l'air de leur temps. Et n'hésitant pas à trainer devant les tribunaux les mauvaises langues qui l'avaient accusée d'utiliser un nègre (assistant).

Dignité de femme enfin. Sortant en chaussures de marche de son appartement de la place Dauphine, afin d'aller défiler avec les copains de son cœur, chaque fois qu'un coup tordu faisait un peu d'ombre à toute forme de liberté.

À chacun des grands moments de notre vie, instants de cinéphiles ou plus simplement d'hommes, Signoret a été là. Légendaire avec son casque de cheveux gris, sa chaînette à lunettes, sa démarche un rien hésitante et sa voix qui ne trébuchait pas d'un mot. Elle était là. Pour toujours. À jamais. Aussi bien pour composer des créatures droites, telle son ultime silhouette, la directrice de music-hall — sa dernière apparition — drapée de mousseline immaculée qu'elle tourna, à demi-aveugle, et qui scintille encore en nos mémoires, pour témoigner des forces et des faiblesses de ce siècle. En un demi-siècle de vie bien remplie, Simone Kaminker, à force de coups de gueule, de coups de cœur et de coups de plume, a contribué, comme un professeur sans chaire mais non sans morale, à l'éducation des petits-enfants d'un siècle qu'elle sut comprendre autant qu'il sut l'entendre. Et quoi qu'elle en ait dit, à l'issue du bout de route que nous avons fait ensemble, la nostalgie reste aujourd'hui ce qu'elle était hier.

1. Selon l'article, la dignité de Simone Signoret se trouve dans toutes ces activités *sauf*
   (A) celle de professeur.
   (B) celle d'écrivain.
   (C) celle de femme.
   (D) celle d'actrice.

2. Lors de sa visite en U.R.S.S., Signoret
   (A) a tourné un film en russe.
   (B) a visité des cuisines modernes.
   (C) a posé de questions embarrassantes.
   (D) n'a rien trouvé à faire.

3. Simone Signoret a atteint l'apogée de sa carrière quand
   (A) elle a obtenu le double menton.
   (B) elle a remporté la statue d'or.
   (C) elle a porté un casque d'or.
   (D) elle a poursuivi ses rôles inoubliables.

4. Le titre du film *La Vie devant soi* offrait la description d'une actrice
   (A) dont le visage reflète sa personnalité.
   (B) démodée et d'une autre ère.
   (C) fade et sans intérêt.
   (D) toujours jeune malgré son âge.

5. Simone Signoret était une femme acharnée, travailleuse, qui se battait souvent pour
   (A) réussir dans sa carrière d'actrice.
   (B) obtenir le cœur aimé.
   (C) les tribunaux des mauvaises langues.
   (D) la liberté des hommes.

«Simone Signoret» by Henry-Jean Servat, from *Paris Match*, No. 2074, 23 février 1989. Reprinted with permission.

6. À travers ses différents rôles, Simone Signoret a voulu révéler
   (A) les défilés sur la place Dauphine.
   (B) les grands moments de sa vie.
   (C) la force et la faiblesse de son époque.
   (D) les bienfaits de son dernier personnage.

7. Selon l'auteur, le côté de la personnalité de Signoret le plus digne de mention est
   (A) sa carrière cinématographique.
   (B) sa vie entière.
   (C) ses intérêts politiques.
   (D) son choix de rôles.

Hors de ses légendes savoureuses,
comment ne pas évoquer ce que représente
réellement la gastronomie de Nantua,
symbolisée par sa fameuse sauce, de
(5) renommée mondiale.

Qui ne connaît en effet, les spécialités —
à la Nantua — accommodée de cette sauce,
qui ont nom de quenelles à la Nantua,
gratins et croustades de queues d'écrevisses,
(10) confectionnées avec ferveur par des savants
maîtres-queux, suivant le rite de très
anciennes recettes, dont ils gardent
jalousement le secret.

Indépendamment de ces chefs-d'œuvres
(15) culinaires, honneur de la gastronomie
française, une foule d'autres plats sont
cuisinés avec le même soin dans nombre
d'auberges petites et grandes de la région de
Nantua: truites de torrents et rivières,
(20) brochetons des lacs, grives, cailles gélinottes,
coqs de bruyère ou grands tétras, lièvres,
chevreuils, etc....

Une mention particulière est due à un
plat local qui ne ressemble à aucun autre: le
(25) «ramequin», à base de fromage, qui n'a rien
de commun avec les fondues bien connues par
ailleurs.

1. Nantua a obtenu une renommée mondiale
grâce à
(A) une sauce célèbre.
(B) sa légende savoureuse.
(C) son effet de spécialité.
(D) sa représentation symbolique.

2. D'après le contexte, on peut dire que
«maîtres-queux» (à la ligne 11) fait référence
(A) aux aubergistes.
(B) aux magiciens.
(C) aux cuisiniers.
(D) aux pâtissiers.

3. Les quenelles de Nantua sont difficiles à
reproduire, parce qu'elles
(A) sont confectionnées par les maîtres-
queux.
(B) suivent le rite des anciens.
(C) doivent être accompagnées par la sauce
célèbre.
(D) résultent d'une recette peu connue.

4. Dans l'article, on fait mention spéciale du
«ramequin» qui est un mets
(A) très commun.
(B) de la région.
(C) pareil aux autres.
(D) connu par ailleurs.

5. Les spécialités gastronomiques de Nantua se
basent sur
(A) le poisson et le gibier.
(B) le poisson et le homard.
(C) le gibier et le gratin.
(D) la pâtisserie et le fromage.

From "Nantua, le charme et la douceur de vivre," *Bugey Magazine*, No. 6, 2ième trimestre 1990, p. 10. Reprinted with permission of Pays d'Accueil du Bugey.

À l'heure naissante d'une période estivale, que chacun dans son secteur d'activité prépare, l'eau, et par là, la qualité de notre environnement doivent être les jalons de notre stratégie d'accueil. Monsieur Mercante, Vice Président de «S.D.G. et Environnement», vous invite à la vigilance.

«Le problème de l'eau est l'affaire de tout le monde, dit-il. Il n'est plus question de le prendre en compte au cas par cas. La situation de notre région étant relativement satisfaisante, il importe de la préserver et de se montrer vigilant à tous les niveaux. Des tables rondes et des réunions d'information du public sont nécessaires, afin de sensibiliser les participants, élus et consommateurs, sur la quantité de l'eau à maintenir et sur l'effort collectif à fournir dans ce domaine.

Le problème de l'influence négative des nitrates mérite une prise en compte plus poussée: plus on se rendra compte qu'il est révélateur d'autres problèmes, plus il apparaîtra évident aux yeux de tous qu'il s'agit d'un problème général de qualité.

Nous trouvons ici un appel à l'effort commun. L'agriculture, placée au banc des accusés, n'est pas la seule cause d'augmentation des doses des nitrates. À nous tous, agriculteurs, techniciens de l'eau, industriels, élus et consommateurs à tous les niveaux de voir pourquoi la situation a tendance à se dégrader, comment avancer dans la lutte pour l'environnement et ainsi mieux gérer notre patrimoine.

Les solutions à mettre en place sont comme en bien des régions très spécifiques:

— Vigilance des syndicats de distribution et d'une manière générale des organismes distributeurs d'eau potable sur la constance de la qualité.

— Interdiction des rejets directs d'eaux usées sans traitements, ni lagunage, dans les cours d'eau.

— Emploi modéré et judicieux des engrais.

— Économies à prôner dans la consommation, prise en charge de l'assainissement par tous.»

1. M. Mercante invite tout le monde à participer à la résolution du problème de l'eau parce que
   (A) la situation est plus ou moins stable.
   (B) c'est l'affaire de tout le monde.
   (C) la qualité de l'eau empire rapidement.
   (D) il ne peut pas le prendre en compte.

2. L'agriculture est citée comme coupable, parce qu'elle
   (A) dégrade rapidement la situation.
   (B) consomme beaucoup d'eau.
   (C) a augmenté l'emploi des nitrates.
   (D) ne considère aucunement l'environnement.

3. Qu'est-ce qu'on ne doit pas faire, si on veut maintenir la lutte contre la pollution de l'eau?
   (A) Lutter contre le gaspillage.
   (B) Effectuer une modification de l'emploi des engrais.
   (C) Garder le mécanisme usé du réseau.
   (D) Réclamer plus de rigueur envers la population.

4. L'influence négative des nitrates mérite une inspection plus profonde parce que
   (A) ce problème peut en annoncer d'autres toujours inconnus.
   (B) les nitrates détruisent la pureté de l'eau.
   (C) c'est un effort dont nous sommes tous responsables.
   (D) les nitrates poussent la qualité à un niveau inférieur.

From Michel Blanc: "L'eau... une denrée rare," *Bugey Magazine*, No. 6, 2ième trimestre 1990, p. 13. Reprinted with permission of Pays d'Accueil du Bugey.

Être bien logé, ce n'est pas seulement avoir un toit sur la tête, c'est aussi vivre dans un environnement urbain adéquat. Un peu partout, des collectifs de femmes font valoir leurs idées sur l'aménagement des villes. À Québec, le groupe Femmes et Ville dépose un mémoire en avril 1987 en réponse au plan directeur d'aménagement de la ville. Le groupe critique vivement l'idée de favoriser le développement d'un centre-ville fort où la «fonction travail» serait privilégiée. Les femmes proposent au contraire de répartir les lieux de travail dans les différents quartiers de Québec afin que chacun d'eux soit un milieu de vie complet avec sources d'emplois et services essentiels, tels que garderies, écoles, commerces, équipements récréatifs et transport en commun. Elles souhaitent que les gens puissent rester dans leur quartier d'origine malgré les changements qui surviennent au cours de la vie (divorce, vieillissement) de façon à favoriser les liens d'entraide et le sentiment d'appartenance. Femmes et Ville dénonce le fait que Québec ne fasse rien pour empêcher le départ des familles à faibles revenus des quartiers centraux et leur remplacement par une classe plus aisée, comme c'est le cas dans Saint-Roch et le secteur du Vieux-Port. Le groupe demande la construction de nombreux HLM de petite taille, bien intégrés à la vie urbaine. Il identifie les lieux publics «à risques» où la sécurité des femmes n'est pas assurée du fait qu'ils sont mal éclairés et déserts en soirée. Les femmes ont-elles réussi à convaincre la Ville de Québec du bien fondé de leurs propositions? Jusqu'à présent, elles ont reçu peu d'échos de leur mémoire. Une affaire à suivre.

1. À Québec les femmes revendiquent
   (A) des logements urbains et modernes.
   (B) un toit sur la tête.
   (C) un plan directeur d'aménagement.
   (D) la valeur de leurs idées.

2. Les femmes ne sont pas satisfaites de la proposition du gouvernement, parce qu'elle
   (A) favorise les garderies et les écoles.
   (B) n'apporte pas d'emplois.
   (C) augmente les sentiments d'appartenance.
   (D) favorise les gens aisés.

3. Que demande le groupe Femmes et Ville à la ville?
   (A) De séparer les secteurs résidentiels de ceux du travail.
   (B) De centraliser les familles à faibles revenus.
   (C) D'améliorer les endroits risqués.
   (D) Du travail pour tout le monde.

4. Selon l'article, le gouvernement québécois cherche à
   (A) segmenter la ville en quartiers administratifs.
   (B) créer un centre-ville qui favorise l'industrie.
   (C) grouper les résidences autour des lieux de travail.
   (D) créer de nouveaux emplois pour les femmes.

5. Selon le passage, la réussite du groupe Femmes et Ville reste
   (A) imminente.
   (B) lointaine.
   (C) progressive.
   (D) rapide.

UNIT 7

ESSAY QUESTIONS

Each essay question in this unit is similar to those that appear on the Advanced Placement Examination in French. The topics were chosen to reflect a range of subjects within the student's experience and to provide material for thought and subsequent classroom discussion. Students should be encouraged to prepare an outline before beginning to write. Compositions should contain an introduction, thematic development, and a conclusion.

Directions: Write IN FRENCH a well-organized and coherent composition of substantial length that develops the following topic. Show precision and variety in your choice of vocabulary and verb tenses.

9 *DEMONSTRATES SUPERIORITY*

<u>Strong</u> control of the language: proficiency and variety in grammatical usage with few significant errors; broad command of vocabulary and of idiomatic French.

7-8 *DEMONSTRATES COMPETENCE*

<u>Good</u> general control of grammatical structures despite some errors and/or some awkwardness of style. Good use of idioms and vocabulary. Reads smoothly overall.

5-6 *SUGGESTS COMPETENCE*

<u>Fair</u> ability to express ideas in French: correct use of simple grammatical structures or use of more complex structures without numerous serious errors. Some apt vocabulary and idioms. Occasional signs of fluency and sense of style.

3-4 *SUGGESTS INCOMPETENCE*

<u>Weak</u> use of language with little control of grammatical structures. Limited vocabulary. Frequent use of anglicisms which force interpretations on the part of the reader. Occasional redeeming features.

1-2 *DEMONSTRATES INCOMPETENCE*

<u>Clearly unacceptable</u> from most points of view. Almost total lack of vocabulary resources, little or no sense of idiom and/or style. Essentially gallicized English or *charabia*.

FLOATING POINT

One bonus point should be awarded for a coherent and well-organized essay or for a particularly inventive one.

1. Qu'est-ce que vous attendez de la vie, et que feriez-vous pour en changer le cours?

2. Les mauvaises expériences nous enseignent toujours quelque chose. Écrivez au sujet d'une mauvaise expérience qui a influencé votre vie.

3. «Rien ne nous rend si grand qu'une grande douleur.» Montrez comment une grande douleur vous a fait grandir et mûrir.

4. Montesquieu a dit: «Le premier motif de l'étude, c'est la satisfaction que l'on ressent lorsqu'on voit augmenter l'excellence de son être.» Montrez comment vos études ont amélioré votre existence personnelle.

5. Les parents et les enfants ne se comprendront-ils jamais? Est-ce que le fossé des générations existe toujours? Écrivez au sujet de vos rapports avec les adultes. Pensez-vous que l'expression «fossé des générations» mérite toute la discussion qu'elle génère? Expliquez et justifiez votre réponse.

6. «Tout âge porte ses fruits, il faut savoir les cueillir.» Cette citation de Radiguet prétend qu'il y a du bon dans chaque étape de la vie et qu'il est simplement question de savoir profiter des expériences. Illustrez cette citation avec un exemple tiré de votre expérience personnelle.

7. Quelles qualités marquent un héros? Décrivez votre héros ou votre héroïne personnel(le) qui peut être quelqu'un de célèbre ou quelqu'un que vous connaissez personnellement. Si vous n'en avez pas, choisissez quelqu'un que votre génération pourrait admirer. N'écrivez pas au sujet d'un parent ou d'un meilleur ami.

8. «Ah! si j'avais su à cette époque-là ce que je sais maintenant, j'aurais tout fait différemment.» Si vous pouviez retourner dans le passé pour changer une action personnelle ou un événement historique, que feriez-vous et pourquoi?

9. Il est plus amusant de chercher un cadeau pour un ami que d'en recevoir un. Êtes-vous d'accord? Justifiez votre opinion avec une illustration tirée de votre propre expérience.

10. Décrivez une situation simple, peut-être triviale, qui vous est arrivée et qui a exercé beaucoup d'influence sur votre vie. Expliquez la signification de cet événement et le changement que cette situation a produit.

11. Ce qu'on ne sait pas ne peut pas faire de mal. Êtes-vous d'accord? Commentez et soutenez votre thèse avec un exemple tiré de votre expérience personnelle.

12. Les constitutions des pays démocratiques promettent l'égalité de tout citoyen sous la loi. Pensez-vous que tous les citoyens des États-Unis, ou d'un autre pays démocratique, soient égaux? Expliquez et justifiez votre réponse. Limitez-vous à un pays ou à un type d'égalité.

13. En fouillant dans une boîte, vous tombez sur une vieille photo de vous et de votre meilleur(e) ami(e) de l'époque. Racontez les circonstances dans lesquelles cette photo a été prise.

14. Vous venez d'écrire votre autobiographie. Partagez ici la fin du huitième chapitre avec nous. Cette rédaction peut raconter un épisode de votre vie ou tracer des sentiments.

15. Y a-t-il des circonstances où il est justifiable que l'on dise des mensonges? Quand serait-il acceptable de ne pas dire la vérité? Expliquez avec un exemple tiré de votre expérience personnelle.

16. On dit que la télévision américaine s'adresse aux enfants de dix ans. Êtes-vous d'accord? Illustrez votre opinion avec un exemple qui vous est connu.

17. Écrivez une lettre à un vieil ami que vous n'avez pas vu depuis longtemps. Discutez les circonstances qui vous ont éloignés et mettez-le au courant de ce qui s'est passé chez vous depuis votre dernière rencontre.

18. Chaque saison de l'année a ses avantages et ses inconvénients (le temps, les distractions, etc.). Écrivez au sujet de la saison que vous aimez le mieux.

19. Qu'est-ce qui, à votre avis, a exercé la plus grande influence sur la société? La tradition ou le progrès? Commentez en citant un exemple qui vous est connu.

20. L'argent offre-t-il la route au bonheur? Expliquez votre point de vue et donnez un ou deux exemples.

21. Le permis de conduire est devenu un rite de passage chez les jeunes. Imaginez comment serait la vie des adolescents sans voiture.

22. «L'habit ne fait pas le moine.» C'est-à-dire qu'on ne peut pas juger une personne d'après les vêtements qu'elle porte. Êtes-vous d'accord? Justifiez votre opinion avec un exemple qui vous est connu.

23. «Dis-moi qui tu hantes, je te dirai qui tu es.» C'est-à-dire qu'on juge une personne d'après les gens qu'elle fréquente. Êtes-vous d'accord? Illustrez votre opinion par un exemple personnel.

24. Avez-vous rencontré des difficultés en cherchant un travail? À part l'argent de poche qu'il offre, pourquoi le travail est-il si important aux jeunes? Commentez avec un exemple tiré de votre expérience personnelle.

25. Si on laisse faire la nature, qu'arrivera-t-il en l'an 2100 à notre planète Terre? Imaginez et commentez.

26. Quel sera le sport idéal de l'avenir afin de rester en bonne forme et vivre plus longtemps? Expliquez pourquoi.

27. Que pourriez-vous répondre à ce genre d'affirmation: le cinéma moderne et la télévision sont responsables de la violence qui se manifeste aujourd'hui autour de nous? Commentez avec un ou deux exemples qui vous sont connus.

28. Choisissez un des proverbes suivants et illustrez-le avec un exemple tiré soit de votre expérience personnelle soit de votre imagination.

> Vouloir, c'est pouvoir.
> L'argent est un bon serviteur et un mauvais maître.
> De la discussion, jaillit la lumière.

29. L'art de raconter est perdu par l'art passif de regarder. Le cinéma et la télévision ont-ils empêché le développement de l'imagination? Que peut-on faire afin d'encourager la force créatrice parmi les jeunes?

30. Dans un match, les jeux Olympiques, les sports professionnels, ou les élections à l'école; l'essentiel c'est de gagner par n'importe quel moyen. Êtes-vous pour ou contre? Expliquez et justifiez votre opinion.

31. Croyez-vous que le climat exerce une influence sur le caractère et les habitudes du peuple qui y habitent? Expliquez en citant des exemples précis.

32. «Il faut plus de courage pour rester que pour partir.» Expliquez cette citation de Marcel Pagnol et justifiez votre réponse.

33. Êtes-vous pour ou contre la peine de mort? Expliquez et justifiez votre opinion.

34. «Il vaut mieux être avare que dépensier.» Êtes-vous d'accord? Justifiez votre opinion et donnez un exemple personnel ou connu.

35. Quel système judiciaire préféreriez-vous: celui où vous êtes innocent jusqu'à ce que vous soyez reconnu coupable ou bien celui où vous êtes coupable jusqu'à ce que votre innocence soit prouvée? Expliquez votre point de vue.

UNIT 8

SPEAKING: DIRECTED RESPONSE

Each section of this unit contains seven questions or statements which require a spoken response from the student. The material allows students to practice and improve the accuracy, fluency, and speed with which they will answer similar questions during the AP examination. The questions are on the cassette tape and are printed in the Teacher's Manual.

> <u>Directions:</u>   In this portion of the examination, you will hear a number of instructions that you should follow or questions you should answer. In each case, you will have <u>20 seconds</u> to respond in French. Listen carefully to each of the following questions or directions, since your score will be based on your comprehension of the question as well as the appropriateness, grammatical correctness, and pronunciation of your response. Since the purpose of this part of the examination is to obtain a full sample of your speaking ability, you should answer each question as extensively as possible. Be sure to make use of the whole response time in giving your answers. If you are still responding when you hear the speaker give the number of the next question, stop speaking so that you will hear the new question. Do not be concerned that your response may be incomplete. If you hear yourself make an error as you are speaking, you should correct the error.

DIRECTED RESPONSE CRITERIA

4 points: 1) A correct answer to the question, delivered with excellent to good pronunciation, correct grammar, and considerable fluency.
2) A longer, more elaborate answer to the question, but with a minor error or two in grammar, pronunciation or usage.

3 points: 1) A correct answer to the question with fair pronunciation and intonation, perhaps a minor grammatical error or two, and some awkwardness in usage or delivery.
2) A longer, more elaborate answer, with not more than <u>one</u> major grammatical error.

2 points: A correct answer to the question, with less than fair pronunciation and intonation, delivered haltingly and/or with one or two major flaws in grammar or usage.

1 point: 1) An answer given in very faulty French, with little control of grammar or pronunciation. The student is unable to express his thought with any competence.
2) A comprehensible answer that shows that the student did not entirely understand the question.
3) A response in which a major part of the answer is missing or not complete (in a two-part question, for example).

0 points: 1) An answer indicating total failure to understand the question.
2) An answer so fragmented as to be incomprehensible.
3) An answer such as "Je ne sais pas," "Je ne comprends pas," or any similar effort to evade the problem posed.
4) No answer.

UNIT 9

SPEAKING: ILLUSTRATED STORY

> <u>Directions:</u> Vous avez devant vous des images qui représentent une petite histoire. À l'aide de ces images, essayez de reconstituer l'histoire. Racontez cette histoire comme vous la concevez.

———————————— SPEAKING CRITERIA ————————————

9 *DEMONSTRATES SUPERIORITY*

<u>Strong</u> control of the language: excellent grammatical and idiomatic usage; broad command of vocabulary and obvious ease of expression. No significant grammar or pronunciation errors.

7-8 *DEMONSTRATES COMPETENCE*

<u>Good</u> control of the language, with some grammatical inaccuracies or some awkwardness of expression. Good intonation and use of idiom and vocabulary. Few glaring errors of grammar or pronunciation.

5-6 *SUGGESTS COMPETENCE*

<u>Fair</u> use of language without numerous serious grammatical errors but with a less impressive range of vocabulary and idiom and less good pronunciation and intonation. Occasional signs of fluency.

3-4 *SUGGESTS INCOMPETENCE*

<u>Weak</u> use of language with serious errors. Restricted vocabulary and knowledge of idioms and/or frequent use of anglicisms or sentences which force interpretations on the part of the reader. Some redeeming features.

1-2 *DEMONSTRATES INCOMPETENCE*

<u>Unacceptable:</u> few vocabulary resources, little or no sense of idiom or French style, glaring weakness in pronunciation and grammar.

1.

2.

3.

4.

5.

6.

The pictures above represent a story. Using these pictures, try to interpret the story and tell about it.

Série 2

1.

2.

3.

4.

5.

6.

The pictures above represent a story. Using these pictures, try to interpret the story and tell about it.

1.

2.

3.

4.

5.

6.

The pictures above represent a story. Using these pictures, try to interpret the story and tell about it.

1.

2.

3.

The pictures above represent a story. Using these pictures, try to interpret the story and tell about it.

1.

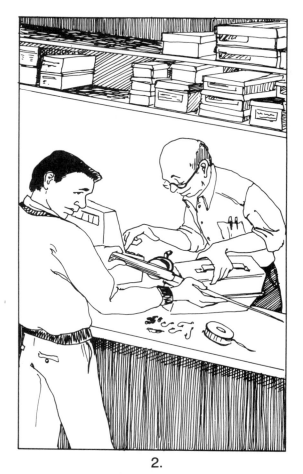

2.

3.

4.

5.

6.

The pictures above represent a story. Using these pictures, try to interpret the story and tell about it.

1.

2.

3.

4.

5.

6.

The pictures above represent a story. Using these pictures, try to interpret the story and tell about it.

UNIT 10

THEMATIC VOCABULARY

The vocabulary lists that appear in this unit have been grouped thematically in order to facilitate students' acquisition of new words and review of familiar ones. Teachers are encouraged to incorporate additional words and themes according to the needs and interests of their students.

LES ANIMAUX

l'agneau *(m)*	lamb	le rat	rat
l'âne *(m)*	donkey	le raton laveur	raccoon
la baleine	whale	le renard	fox
le bélier	ram	le serpent	serpent, snake
la biche	doe	le singe	monkey
le bœuf	ox	la souris	mouse
le cerf	stag	le taureau	bull
le chameau	camel	le tigre	tiger
le chat	cat	la tortue	turtle
la chauve-souris	bat	la vache	cow
le cheval	horse	le veau	calf
la chèvre	goat	le ver	worm
le chien	dog	le zèbre	zebra
le cochon	pig		
le crapaud	toad		
le dauphin	dolphin	*LES ANIMAUX DE MER*	
l'écureuil *(m)*	squirrel		
l'éléphant *(m)*	elephant	l'anchois *(m)*	anchovy
le gibier	game	l'anguille *(f)*	eel
la girafe	giraffe	la baleine	whale
la grenouille	frog	le calmar	squid
le hérisson	hedgehog	la coquille	shell
la jument	mare	le crabe	crab
le kangourou	kangaroo	la crevette	shrimp, prawn
le lapin	rabbit	l'escargot *(m)*	snail
le lézard	lizard	le homard	lobster
le lièvre	hare	l'huître *(f)*	oyster
le lion, la lionne	lion	la langouste	cray fish
le loup	wolf	le mollusque	shellfish
le matou	male cat	la morue	cod
le mouton	sheep	la moule	mussel
le mulet, la mule	mule	la palourde	clam
l'oiseau *(m)*	bird	la perche	perch
l'ours *(m)*, l'ourse *(f)*	bear	le phoque	seal
l'ourson *(m)*	bear cub	le poisson	fish
le poulain	colt	la pieuvre (le poulpe)	octopus
		la raie	ray

le requin	shark	la mitrailleuse	machine gun
la sardine	sardine	le pistolet	pistol
le saumon	salmon	le poignard	dagger
le thon	tuna	la poudre	gunpowder
la tortue	turtle	le revolver	revolver
la truite	trout	le sabre	saber

LES ARBRES

l'acajou (m)	mahogany
l'arbre (m)	tree
le bouleau	birch
la branche	branch
le buisson	bush
le cèdre	cedar
le cerisier	cherry tree
le châtaignier	chestnut tree
le chêne	oak
l'écorce (f)	bark
l'érable (m)	maple
la feuille	leaf
le figuier	fig tree
le noyer	walnut
l'olivier (m)	olive tree
l'oranger (m)	orange tree
l'orme (m)	elm
le palmier	palm tree
le peuplier	poplar
le pin	pine
le platane	plane tree
le pommier	apple tree
la racine	root
le saule	willow
le sapin	fir tree
le tronc	trunk
le verger	orchard

LES ARMES

l'arbalette (f)	crossbow
l'arc (m)	bow
l'arme (f)	weapon
la baïonnette	bayonet
la balle	bullet
la bombe	bomb
le canon	cannon
la carabine	rifle
la dynamite	dynamite
l'épée (f)	sword
la flèche	arrow
la fronde	sling
le fusil	shotgun
la lance	spear

LES BOISSONS

l'apéritif (m)	before-dinner drink, cocktail
la bière	beer
la boisson	beverage
le café	coffee
le café au lait	coffee with milk
le café noir	black coffee
le champagne	champagne
le chocolat	chocolate
le cidre	hard cider
le citron pressé	lemonade
le coca	Coke
la crème	cream
le digestif	after-dinner drink
l'eau (f)	water
l'eau minérale	mineral water
l'infusion (f), la tisane	herbal tea
le jus	juice
le lait	milk
la limonade	soda water (like 7-Up)
la liqueur	liqueur
l'orangeade (m)	orange soda
le rafraîchissement	refreshment
le thé	tea
le thé glacé	iced tea
le vin	wine
le vin blanc	white wine
le vin rouge	red wine

LES CÉRÉALES

l'avoine (f)	oats
le blé	wheat
le grain	grain
le houblon	hops
le maïs	corn
le malt	malt
le millet	millet
l'orge (f)	barley
le riz	rice
le seigle	rye

LE CORPS HUMAIN

la barbe	beard
la bouche	mouth
le bras	arm
le cerveau	brain
le cheveu	hair
la cheville	ankle
le cil	eyelash
le cœur	heart
le corps	body
la côte	rib
le cou	neck
le coude	elbow
la dent	tooth
le doigt	finger
le dos	back
l'épaule (f)	shoulder
l'épine dorsale (f), la colonne vertébrale	backbone
l'estomac	stomach
les favoris (m)	sideburns
la figure	face
le foie	liver
le front	forehead
la gencive	gums
le genou, (pl. -x)	knee
la gorge	throat
le grain de beauté	mole
la hanche	hip
la jambe	leg
la joue	cheek
la langue	tongue
la larme	tear
la lèvre	lip
l'oreille (f)	ear
la main	hand
le menton	chin
la moustache	moustache
le nez	nose
le nombril	navel
la nuque	nape
l'œil (m), les yeux	eye, eyes
l'ongle (m)	nail
l'os (m)	bone
la paupière	eyelid
la peau	skin
le pied	foot
le poignet	wrist
le poing	fist
la poitrine	chest
le pouce	thumb
le poumon	lung
le rein	kidney
la ride	wrinkle
le sang	blood
le sein	breast
le sourcil	eyebrow
la sueur	sweat
la taille	waist
le talon	heel
le teint	complexion
la tête	head
la verrue	wart
le visage	face

LA DESCRIPTION DES PERSONNES

adroit	clever
agile	agile
(assez) âgé	elderly
assidu	diligent
aveugle	blind
beau	handsome
bêcheur, bêcheuse	snob
belle	beautiful
blond	blond
boiteux	lame
borgne	one-eyed
brun, brune	dark-haired
bûcheur, bûcheuse	hardworking
chauve	bald
les cheveux	hair
les cheveux blonds	blond hair
les cheveux bruns	brown hair
les cheveux noirs	black hair
les cheveux roux	red hair
court	short (hair)
cultivé	cultured
distrait	absentminded
d'un certain âge	middle-aged
égoïste	selfish
élégant	elegant
enceinte	pregnant
fort	strong
fou, folle	crazy
gaucher	left-handed
grand	big, tall
gros, grosse	fat
heureux, heureuse	happy
honnête	honest
impoli	impolite

insensé	foolish	le crayon	pencil
intelligent	intelligent	le crayon de couleur	colored pencil
jeune	young	le crayon gras	crayon
laid	ugly	le devoir	homework
lent	slow	le directeur,	elementary-school
loucher	to be cross-eyed	la directrice	principal
lourd	heavy	l'école (f)	elementary school
malade	sick	l'écolier (m)	elementary-school
mal élevé	rude		student
menteur, menteuse	liar	l'élève (m, f)	secondary-school
mince	thin, slim		student
moche	homely, plain	encourager	to encourage, praise
muet, muette	mute	l'encre (f)	ink
obstiné	stubborn	enseigner	to teach
pâle	pale	l'épreuve (f)	test
paresseux, paresseuse	lazy	être inscrit au tableau d'honneur	to make the honor roll
petit	small, short (height)	l'étudiant(e) (m, f)	university student
poli	polite	l'exercice (m)	exercise
raffiné	refined	faire une demande	to apply
raisonnable	reasonable	la gomme	eraser
rapide	quick	s'inscrire	to register (for classes)
robuste	robust	la lecture	reading
roux, rousse	red-headed	le livret scolaire,	report card
rude	rough	le carnet scolaire	
sage	well-behaved	le lycée	high school
sain	healthy	le lycéen	high-school student
sensé	sensible	le maître, la	elementary-school
sensible	sensitive	maîtresse	teacher
sombre	dark	la matière	subject
sourd	deaf	la note	grade
triste	sad	le professeur	high-school teacher,
vieux, vieille	old		university teacher
		le proviseur	high-school principal

L'ÉCOLE

apprendre	to learn	le pupitre	student desk
la bibliothèque	library	rater, échouer	to fail
la bourse	scholarship	la règle	ruler, rule
le bureau	desk, teacher's desk	réussir	to pass (an exam, a test)
le cahier	notebook		
le carnet	small notebook	la salle de classe	classroom
le classeur	loose-leaf notebook, file cabinet, file folder	le stylo	pen
		le tableau noir	blackboard
le collège	junior high/middle school		
le collégien	junior-high/middle-school student		

LA FAMILLE

la conférence	lecture	une arrière-grand-mère	great-grandmother
le cours	course		
la craie	chalk	une arrière-grand-père	great-grandfather

une arrière-petite-fille	great-granddaughter	une veuve	widow
une arrière-petit-fils	great-grandson	une vieille fille	old maid, spinster
un beau-fils	son-in-law, stepson	un vieux garçon	bachelor
un beau-frère	brother-in-law		
un beau-père	father-in-law, stepfather		

un bébé	baby
une belle-fille	daughter-in-law, stepdaughter
une belle-mère	mother-in-law, stepmother
une belle-sœur	sister-in-law
une bru	daughter-in-law
un, une célibataire	bachelor
un cousin, une cousine	cousin
un demi-frère	stepbrother
une demi-sœur	stepsister
une épouse	wife, spouse
un époux	husband, spouse
une femme	woman, wife
un fiancé, une fiancée	fiancé
se fiancer	to get engaged
une fille	daughter, girl
un filleul	godson
une filleule	goddaughter
un fils	son
un frère	brother
un gendre	son-in-law
une grand-mère	grandmother
un grand-père	grandfather
un mari	husband
se marier	to get married
une marraine	godmother
une mère	mother
un neveu	nephew
une nièce	niece
un oncle	uncle
un orphelin	orphan
des parents	parents, relatives
un parrain	godfather
un père	father
un petit ami	boyfriend
un petit-fils	grandson
une petite amie	girlfriend
une petite-fille	granddaughter
une sœur	sister
une tante	aunt
un veuf	widower

LES FLEURS

une aubépine	hawthorne
un bleuet	cornflower
un bouquet	bouquet
un bouton	bud
un bouton d'or	buttercup
un chèvrefeuille	honeysuckle
un chrysanthème	chrysanthemum
un dahlia	dahlia
une épine	thorn
une fleur	flower
un géranium	geranium
un glaïeul	gladiolus
l'herbe (f)	grass
un iris	iris
une jacinthe	hyacinth
un jasmin	jasmine
une jonquille	daffodil, jonquil
un lilas	lilac
un lys	lily
une marguerite	daisy
un narcisse	narcissus
un œillet	carnation
une orchidée	orchid
une pâquerette	white daisy
un pavot	poppy
une pensée	pansy
un pétale	petal
un pissenlit	dandelion
une pivoine	peony
une renoncule	ranunculus
une rose	rose
une tige	stem
un tournesol	sunflower
une tulipe	tulip
une vigne	vine
une violette	violet

LES FRUITS

l'abricot (m)	apricot
l'amande (f)	almond
l'ananas (m)	pineapple

l'avocat (m)	avocado	l'empereur (m),	emperor
la banane	banana	l'impératrice (f)	
la cacahuète	peanut	la femme du	first lady
la cerise	cherry	président	
la châtaigne	chestnut	les forces armées	armed forces
le citron	lemon	gouverner	to govern
la datte	date	les impôts (m)	taxes
la figue	fig	la législation	legislation
la fraise	strawberry	la loi	law
la framboise	raspberry	le maire	mayor
la graine	seed	le ministre	minister (secretary)
la mandarine	tangerine	la monarchie	monarchy
le melon	cantaloupe	le politicien	politician
la mûre	mulberry, blackberry	la politique	politics
la myrtille	blueberry	le pouvoir	power
la noisette	hazelnut	le préfet	prefect
la noix	nut	le président	president
la noix de coco	coconut	le procureur général	prosecutor general
l'orange (f)	orange	la propagande	propaganda
le pamplemousse	grapefruit	la reine	queen
la pastèque	watermelon	la république	republic
la pêche	peach	le référendum	referendum
la pelure	rind	la représentation	representation
la poire	pear	la révolution	revolution
la pomme	apple	le roi	king
la prune	plum	le sénat	senate
le pruneau	prune	le sénateur	senator
le raisin	grape	le sondage	survey
le raisin sec	raisin	le vote	vote
		voter	to vote

LE GOUVERNEMENT

JEUX ET JOUETS

l'affiche (f)	poster		
l'ambassade (f)	embassy	un animal en peluche	stuffed animal
l'ambassadeur (m),	ambassador	la balançoire	swing
l'ambassadrice (f)		la balle	ball
l'assemblée (f)	assembly, congress	le billard	billiards
le bulletin de vote	ballot	la bille	marble
le cabinet	cabinet	les cartes à jouer	playing cards
la campagne	(election) campaign	le carreau	diamond
(électorale)		le cœur	heart
le candidat	candidate	le pique	spade
le comité	committee	le trèfle	club
la constitution	constitution	un cerf-volant	kite
la cour	court	la corde à sauter	jump rope
la démocratie	democracy	le cube	block
le député	deputy (member of the	les dés (m)	dice
	French Assemblée	le domino	domino
	Nationale)	les échecs (m)	chess
le drapeau	flag	le jeu de dames	checkers
élire	to elect	le jeu de quilles	ninepins, skittles
l'élection (f)	election	le jeu de tric-trac	backgammon

la marionnette	puppet	le haricot (vert)	(green) bean
les patins (m) à roulettes	roller skates	l'igname (f)	yam
		la laitue	lettuce
la poupée	doll	le légume	vegetable
un traîneau	sled	la lentille	lentil
		l'oignon (m)	onion
		l'oseille	sorrel

LES INSECTES

		le persil	parsley
l'abeille (f)	bee	le petit pois	green pea
l'araignée (f)	spider	le piment	red (hot) pepper
la cafard	cockroach	le poireau	leek
la chenille	caterpillar	le pois chiche	chick-pea
la cigale	cicada	le poivre	pepper
la fourmi	ant	le poivron (vert)	green pepper
le grillon	cricket	la pomme de terre	potato
la guêpe	wasp	le radis	radish
la luciole	firefly	la tomate	tomato
la mite	clothes moth		
la mouche	fly		
le moustique	mosquito		
le papillon	butterfly		**LES MAGASINS**
le papillon de nuit	moth	la bijouterie	jewelry store
le pou, les poux	louse, lice	la blanchisserie	laundromat
la puce	flea	la boucherie	butcher shop
la sauterelle	grasshopper	la boulangerie	bakery
le scarabée	beetle	le café	coffee shop
le scorpion	scorpion	le comptoir	counter
la tique	tick	la confiserie	candy store
le ver luisant	glowworm	la cordonnerie	shoe store
		la crémerie	dairy store
		la droguerie	household articles store

LES LÉGUMES ET LES HERBES

		l'étalage (m)	display
l'ail (m)	garlic	l'épicerie (f)	grocery store
l'artichaut (m)	artichoke	le grand magasin	department store
l'asperge (f)	asparagus	l'horlogerie (f)	watchmaker's shop
l'aubergine (f)	eggplant	l'institut de beauté (m)	beauty parlor
le basilic	basil	le kiosque	newsstand
la betterave	beet	la librairie	book shop
la carotte	carrot	le magasin	shop, store
le céleri	celery	le magasin de chaussures	shoe store
le champignon	mushroom		
le chou	cabbage	le magasin de disques	record store
le chou-fleur	cauliflower		
la citrouille	pumpkin	le magasin de jouets	toy store
le concombre	cucumber	la maison (le magasin) d'ameublement	furniture store
la courge	squash		
la courgette	zucchini		
le cresson	watercress	le marché	market
l'endive (f)	endive	le marché aux fleurs	flower market
les épinards (m)	spinach	la mercerie	notions shop, dressmaking supplies
la fève	bean		

la pâtisserie	pastry bakery
la pharmacie	pharmacy
la poissonnerie	fish market
la quincaillerie	hardware store
le rayon	display counter
le salon de coiffure	hairstyling shop
le supermarché	supermarket
le tabac	tobacconist's
la teinturerie	dry cleaner's
la vitrine	display window

LA MAISON

l'abat-jour (m)	lampshade
l'ampoule (f)	light bulb
l'argenterie (f)	silverware
l'ascenseur (m)	elevator
l'aspirateur (m)	vacuum cleaner
balayer	to sweep
le balai	broom
le balcon	balcony
le berceau	cradle
la bougie, la chandelle	candle
la cafetière	coffee pot
la casserole	pan
la cave	cellar (wine)
le cendrier	ashtray
chauffer	to heat
la chambre à coucher	bedroom
le chauffage	heat
la cheminée	fireplace, chimney
le cintre	coathanger
la clé, la clef	key
la clé anglaise	wrench
le clou	nail
la corbeille à papier	wastepaper basket
le couloir	corridor, hallway
le corridor	hall
la couverture	blanket
le coussin	cushion, throw pillow
le crochet	hook
la cuisine	kitchen
le dessus de lit	bedspread
la douche	shower
l'échelle (f)	ladder
l'écrou (m)	nut
l'escalier (m)	staircase
l'évier (m)	sink
la façade	housefront
la fenêtre	window

le fer électrique	iron
le four	oven
(à micro-ondes)	(microwave)
le garage	garage
le grenier	attic
la lampe	lamp
le lave-vaisselle	dishwasher
la lumière	light
le marteau	hammer
le matelas	mattress
la marche	step (stair)
le miroir	mirror
le mixeur	blender
la moquette	carpet (wall-to-wall)
le moule	mold, cake tin
le mur	wall
la nappe	tablecloth
le napperon	doily
l'oreiller (m)	pillow
l'ouvre-boîtes (m)	can opener
le panier	basket
le parquet	wooden floor
la pelouse	lawn
la pièce	room
la piscine	swimming pool
les persiennes	shutters (outside)
le placard	cupboard
le plancher	floor
le plateau	tray
le plafond	ceiling
la poêle (à frire)	frying pan
le porte-manteau	hanger
le pot	pot (small container)
la poubelle	garbage can
la porte coulissante	sliding door
le presse-papiers	paperweight
la prise (de courant)	socket
le réfrigérateur	refrigerator
le répondeur	telephone-answering machine
le rideau	curtain
le robinet	faucet
la salle à manger	dining room
la salle de bains	bathroom
la salle de séjour	living room
le savon	soap
le seau	bucket
la serviette	towel
le seuil	threshold
la sonnette	doorbell
le sous-sol	basement
le store	venetian blind

le tapis	rug
le téléphone	telephone
le toit	roof
le tourne-disques	record player
le tournevis	screwdriver
le vase	vase
le verrou	lock
le vestibule	vestibule
la vis	screw
la vitre	pane of glass
le volet	shutter

LES MATÉRIAUX

l'acier	steel
l'argile	clay
le béton	concrete
le bois	wood
la boue	mud
la brique	brick
le caoutchouc	rubber
la céramique	ceramic
le ciment	cement
le coton	cotton
le cristal	crystal
le cuir	leather
la laine	wool
le lin	linen
la pierre	stone
le plastique	plastic
le plâtre	plaster
le polyamide	polyester
le sable	sand
la soie	silk
la terre glaise	clay, loam
le tissu	fabric
la toile	cloth
le velours	velvet
le velours côtelé	corduroy
le verre	glass

LA MÉTÉO

l'arc-en-ciel (m)	rainbow
l'averse (f)	downpour
la brise	breeze
le brouillard	fog
la bruine	drizzle
bruiner	to drizzle
la brume	mist, fog, haze
la chaleur	heat

le ciel	sky
clair	clear
le climat	climate
couvert	cloudy
le cyclone	cyclone
l'éclair (m)	a flash of lightning
les éclairs	lightning
ensoleillé	sunny
l'étincelle (f)	spark
l'étoile (f)	star
la foudre	thunderbolt
le froid	cold
le gel, la gelée	frost
geler	to freeze
la glace	ice
la goutte	a drop
la grêle	hail
grêler	to hail
la lune	moon
mouillé	wet
la neige	snow
neiger	to snow
le nuage	cloud
nuageux	cloudy
l'orage (m)	storm
orageux	stormy
l'ouragan (m)	hurricane
pleuvoir	to rain
la pluie	rain
pluvieux	rainy
le soleil	sun
tomber	to drop, fall
tonner	to thunder
le tonnerre	thunder
le tourbillon	whirlwind
la tornade	tornado
la vague	wave
le vent	wind
le verglas	black ice, sheet ice

LES MEUBLES

une applique	wall-bracket
une armoire	wardrobe
un bibelot	knick-knack, trinket
une bibliothèque	bookcase
un buffet, un bahut	buffet (cabinet)
un bureau	desk
une caisse	case, box
un canapé	sofa
une chaise	chair

une coiffeuse	dresser	un corbeau	crow, raven
une commode	bureau, chest of drawers	un cygne	swan
une étagère	shelf, set of shelves	un dindon, une dinde	turkey
un fauteuil	armchair	un faucon	falcon
une horloge	clock	un hibou	owl
un lampadaire	floor lamp, streetlamp	une hirondelle	swallow
une lampe	lamp	une mésange	titmouse
un lit	bed	un moineau	sparrow
un lustre	chandelier	une mouette	sea gull
un magnétoscope	video-cassette player	un nid	nest
un meuble	furniture	une oie	goose
un miroir	mirror	un paon	peacock
une peinture	picture, painting	un perroquet	parrot
une pendule	clock	une perruche	parakeet
un réveil (-matin)	alarm clock	une pie	magpie
un sofa	sofa	un pigeon	pigeon
une table	table	un pingouin	penguin
une table de nuit	night table	une poule	hen
un téléviseur, une télévision	television set	un poulet	chicken
		un rossignol	nightingale
un tiroir	drawer	un serin	canary
une vitrine	display case	un vautour	vulture

LES MINÉRAUX

LES PROFESSIONS

l'acier (m)	steel	un acteur, une actrice	actor
l'aluminum (m)	aluminum	un annonceur	announcer
l'argent (m)	silver	un architecte	architect
le bronze	bronze	un artisan	artisan
le charbon	coal	un artiste	artist
le chrome	chromium	un auteur	author
le cuivre	copper	un avocat, une avocate	lawyer
l'étain (m)	tin	un banquier	banker
le fer	iron	un berger	shepherd
le marbre	marble	un bijoutier	jeweler
l'or (m)	gold	un boucher	butcher
le platine	platinum	un boulanger	baker
le plomb	lead	un caissier	teller
le quartz	quartz	un chanteur	singer
le zinc	zinc	un charpentier	carpenter
		un chauffeur de taxi	taxi driver
		un chirurgien	surgeon

LES OISEAUX

		le chômage	unemployment
un aigle	eagle	un coiffeur	barber, hairdresser
une autruche	ostrich	un comptable	accountant
un canard, une cane	duck	un conducteur	conductor
une cigogne	stork	un cordonnier	shoemaker
une colombe	dove	un couturier	dressmaker
un coq	rooster		

un cuisinier	cook	un salaire	salary
un, une dactylo(graphe)	typist	un sculpteur	sculptor
		un secrétaire	secretary
un danseur	dancer	un serveur, une servante	domestic servant
un dentiste	dentist		
un directeur, une directrice	manager	un serveur, une serveuse	waiter, waitress
un écrivain	writer	un soldat	soldier
un employé	clerk, employee	un, une sténo(graphe)	stenographer
un facteur	mailman		
un fleuriste	florist	un syndicat	labor union
un fonctionnaire	civil servant	une tâche	job, task
un garçon	waiter	un tailleur	tailor
une grève	labor strike	un teneur de livres	bookkeeper
un guide	guide	un traducteur	translator
un infirmier	nurse	un vendeur	salesman
un ingénieur	engineer		
un instituteur, une institutrice	elementary-school teacher		

AU RESTAURANT

un interprète	interpreter	l'addition (f)	check
un jardinier	gardener	l'assiette (f)	plate
un journaliste	journalist, reporter	l'assiette (f) anglaise	cold cuts
un juge	judge	le beurre	butter
un lock-out	lockout	le biscuit	cracker, cookie
un machiniste	stagehand	la boulette de viande	meatball
un maçon	bricklayer	la carte	menu (all selections)
un maître d'hôtel	butler	le casse-croûte	snack
une maîtresse de maison	housewife	le chef	cook
		la confiture	jam
un marin	sailor	la côtelette	chop
un mécanicien	mechanic	le couteau	knife
un médecin	doctor	les couverts (m)	cutlery
un musicien	musician	la cuillère	spoon
un négociant	merchant	la petite cuillère (la cuillère à thé)	teaspoon
un oculiste	oculist		
une occupation	occupation	le cure-dent	toothpick
un ouvrier	laborer	débarrasser la table	to clear the table
un pêcheur	fisherman	le déjeuner	lunch
un peintre	painter	le dessert	dessert
un pharmacien	pharmacist	le dîner	dinner
un photographe	photographer	la fourchette	fork
un pianiste	pianist	le fromage	cheese
un pilote	pilot	le garçon	waiter
un plombier	plumber	la gauffre	waffle
un poète	poet	le gâteau	cake
un policier	policeman	la glace	ice, ice cream
un pompier	fireman	le glaçon	ice cube
un postier	postal worker	l'huile (f)	oil
un prêtre	priest	le jambon	ham
un professeur	high school teacher or university professor	le jus	juice, meat drippings
		le repas léger	light meal

les légumes	vegetables	l'équitation (f)	horseback riding
le menu	menu, limited selection with set price	l'escrime	fencing
		le football	soccer
le miel	honey	le football américain	football
mettre le couvert	to set the table	le golf	golf
la moutarde	mustard	la gymnastique	gymnastics
la nappe	tablecloth	l'haltérophilie (f)	weight lifting
la nourriture	food	le hockey (sur glace)	(ice) hockey
l'œuf (m)	egg	le hockey sur gazon	field hockey
l'olive (f)	olive	le judo	judo
l'omelette (f)	omelette	le karaté	karaté
le pain	bread	la lutte	wrestling
le pain grillé	toast	la natation	swimming
le pâté	paté	le patinage (sur glace)	(ice) skating
le petit déjeuner	breakfast		
le petit four	small cake	la pêche	fishing
le petit pain	roll	la pétanque	bocce
le plat	dish	le ping-pong	ping-pong
le poivre	pepper	la planche à voile	wind-surfing
le potage	soup	la plongée sous-marine	skin-diving
le pourboire	tip		
la salade	salad	le ski	skiing
le sandwich	sandwich	le ski nautique	water skiing
la sauce	sauce (gravy)	le tennis	tennis
la saucisse	sausage	le terrain	field
le sel	salt	le tir à l'arc	archery
le service	service	le tir à la carabine	rifling
la serviette de table	napkin	la voile	sailing
le sirop d'érable	maple syrup	le volley-ball	volleyball
la soucoupe	saucer	le yachting	yachting
la soupe	soup		
le sucrier	sugar bowl		
la tasse	cup		
le verre	glass		
le verre à vin	wine glass		

LES SPORTS

LES TRANSPORTS

l'alpinisme (m)	mountain climbing	un aéroport	airport
l'athlétisme (f)	track and field	une arrivée	arrival
l'aviron (m)	oar, crew	atterrir	to land
le badminton	badminton	un autobus	bus
le base-ball	baseball	une autoroute	highway
le basket-ball	basketball	une autoroute à péage	toll road
le bowling	bowling		
la boxe	boxing	un avion	airplane
la chasse	hunting	une agence de voyage	travel agency
la course	running, race	un arrêt d'autobus	bus stop
le croquet	croquet	une auberge	inn
le cyclisme	cycling	les bagages (m)	luggage
le deltaplane	hang gliding	un bateau	boat
		une bicyclette	bicycle
		un billet	ticket
		un camion	truck
		une carte routière	road map
		un chemin	path

un chemin de fer	railroad	un bas	stocking
un coffre	trunk (of car)	un bonnet	cap
un départ	departure	une botte, une	boot
décoller	to take off (airplane)	bottine	
la douane	customs	une boucle	buckle
l'équipage (m)	crew	une boucle d'oreille	earring
une excursion (f)	trip	une bourse	purse
le feu de circulation	traffic light	un bouton	button
un funiculaire	cable railway	une boutonnière	buttonhole
la fusée	rocket	un bracelet	bracelet
la gare	railway station	les bretelles (f)	suspenders
la grande ligne	trunk line (train)	une broche	pin, brooch
un hélicoptère	helicopter	une brosse à cheveux	hairbrush
un horaire	schedule	une brosse à dents	toothbrush
un itinéraire	itinerary	un caleçon	shorts, underwear
un livret, un guide	guide book	une canne	cane
une malle	trunk	une cape	cape
le métro	subway	une ceinture	belt
une motocyclette	motorcycle	une chaîne (en or)	(gold) chain
un passeport	passport	un chapeau	hat
une passerelle	gangplank	une chaussette	sock
le personnel navigant	flight attendant	une chaussure	shoe
une hôtesse de l'air	stewardess	une chaussure à	high-heeled shoe
un steward	steward	talon	
un pilote	pilot	une chemise	shirt
une piste	runway	une chemise de nuit	nightgown
un pont	bridge	un chemisier	blouse
un port	harbor	les ciseaux (m)	scissors
un quai	platform, pier, dock	un col	collar
une route	road	un collier	necklace
une rue	street	une combinaison	slip
une salle d'attente	waiting room	un complet	man's suit
un siège	seat	un corsage	blouse
un signal	signal	un costume	man's suit
un téléphérique	cableway, skyride	une cravate	necktie
un train	train	un dé	thimble
un traîneau	sleigh	une épingle	pin
une valise	suitcase	un fil	thread
une voie	track (train), lane (highway)	un gant	glove
		un gilet	vest
une voiture	car	une jupe	skirt
un vol	flight	les lentilles, les	contact lenses
voler	to fly	verres de contact	
un voyageur	passenger	les lunettes	(eye)glasses
		les lunettes de	sunglasses
		soleil	

LES VÊTEMENTS, LES BIJOUX ET LES ARTICLES DE TOILETTE

		un maillot	undershirt
		un maillot (de bain)	bathing suit
une aiguille	needle	une manche	sleeve
une bague	ring	un manteau	overcoat
une bavette	bib	un monocle	monocle

un mouchoir	handkerchief	une robe longue	full-length dress
un pendantif	pendant	une sandale	sandal
un pantalon	pants	un slip	underwear, briefs
un parapluie	umbrella	un tablier	apron
un peigne	comb	un tailleur	woman's suit
une poche	pocket	une valise	suitcase
un porte-clefs	key ring	une veste	coat, jacket
un portefeuille	wallet	les vêtements, les	clothes
un pyjama	pajamas	habits	
une robe	dress	un voile	veil
une robe de chambre	robe, dressing gown		

ACKNOWLEDGMENTS (continued)

Lecture no. 18   Christine Arnothy: *Chiche*
© 1970 Flammarion
Livre de Poche, pp. 217–219

Lecture no. 19   «Black Rain»
Le Point
No. 899, 11 décembre 1989, p. 42

Lecture no. 20   Émile Zola: *Le Docteur Pascal*
Livre de Poche, pp. 9–10

Lecture no. 21   Pierre Marcabru: «Une affaire de Noirs: Woza
Albert»
Le Point
No. 899, 11 décembre 1989, p. 46

Lecture no. 22   Jean Cocteau: *Les enfants terribles*
© 1925 Bernard Grasset

Lecture no. 23   Charles d'Orléans: «Rondeau»

Lecture no. 24   Marguerite Yourcenar: *L'œuvre au noir*
© 1968 Gallimard
pp. 207–208

Lecture no. 25   René de Chateaubriand: *Mémoires d'outre-tombe*

Lecture no. 26   Christiane Rochefort: *Encore heureux qu'on va
vers l'été*
© 1975 Grasset et Fasquelle
Livre de Poche, pp. 5–6

Lecture no. 27   Henry-Jean Servat: «Simone Signoret»
Paris Match
No. 2074, 23 février 1989

Lecture no. 28   «Nantua, le charme et la douceur de vivre»
Bugey Magazine
No. 6, 2ième trimestre 1990, p. 10

Lecture no. 29   Michel Blanc: «L'eau. . . une denrée rare»
Bugey Magazine
No. 6, 2ième trimestre 1990, p. 13

Lecture no. 30   «À Québec»
La Gazette des femmes
Vol. 12, No. 1; mai–juin 1990; p. 18